BABETTE ULMER

Wir ♥ stylische Trachten-looks

# STRICKMODE
## MIT JACQUARD-, AJOUR-
## UND ZOPFMUSTER

# LIEBE LESERIN, LIEBER LESER

wer behauptet, **Trachtenmode** sei unmodern und nur etwas für Dorffeste, liegt falsch – nostalgische Looks sind auf dem Vormarsch!
Wie häufig sehe ich junge Frauen (und auch ein paar Männer) in wunderschöner Trachtenmode, die so gar nicht altmodisch aussieht. Und wenn man einmal darauf achtet, sieht man sie überall: **folkloristische Blumenmotive**, **süße Dirndljanker**, **Alpenchic-Stickereien**. Viele typische Symbole wie der Hirschkopf sind wieder voll im Trend – all das gab mir Inspiration für ein Buch, gefüllt mit moderner, gestrickter Trachtenmode. Die Modelle lassen sich genauso gut zu Lederhose und Dirndl wie zu lässigen Jeans, edlen Röcken, klassischen Office-Looks oder Sommerkleidchen kombinieren.

Das Entwerfen und Anfertigen der Modelle hat mir wahnsinnig viel Spaß gemacht und ich möchte Sie mit diesem Buch dazu einladen, es auch zu probieren: **Stricken Sie sich Ihren ganz persönlichen Trachtenstyle, schwelgen Sie in Folklore-Nostalgie und lassen Sie sich von der Alpenromantik verzaubern!**

Viel Vergnügen beim Nacharbeiten und Tragen der Jacken, Tops und Hoodies wünscht

*Babette Ulmer*

Norweger-Strickjacke · Seite 8

Spitzenjäckchen · Seite 14

Top mit Herz · Seite 18

Blütenjanker · Seite 24

Zopfmuster-Weste · Seite 30

Zopfmuster-Hoodie · Seite 35

Blumenjacke · Seite 42

Klassischer Janker · Seite 48

Schößchenjacke · Seite 52

Rosen-Bolero · Seite 56

Hoodie-Janker · Seite 62

Revers-Jacke · Seite 66

Ajour-Top · Seite 72

Jacquard-Hoodie · Seite 76

Kurzer Janker · Seite 82

Kuscheljacke · Seite 86

Schwierigkeitsgrad der Modelle:

 = einfach       = mittel      = anspruchsvoll

Grundkurs Seite 90/91

Impressum Seite 92

Einfach treiben lassen.
Den Wind auf der Haut spüren,
den Duft von Wald in der Nase.
Den Tag in der Natur genießen
und dabei richtig gut aussehen.

# Emma

# NORWEGER-STRICKJACKE

## GRÖSSE

34/36, 38/40 und 42/44

Die Angaben für Größen 38/40 und 42/44 stehen in Klammern. Steht nur eine Angabe, so gilt diese für alle Größen.

## MATERIAL

LANG YARNS „Merino 120" (100 % Schurwolle, Lauflänge 120 m/50 g) 350 (400/450) g Jeans (Farbe 34), je 100 g Silber (Farbe 123), Natur (Farbe 2) und 50 g Dunkelrot (Farbe 163).

Stricknadeln Nr. 4 und 4,5; eine 60 cm lange Rundstricknadel Nr. 4.

7 Knöpfe (Artikel Nr. 13351, Farbe Altsilber, 24 mm Ø) von Jim Knopf.

**Rippenmuster:** 2 Maschen rechts, 2 Maschen links im Wechsel stricken.

**Glatt rechts:** Hinreihen rechte Maschen und Rückreihen linke Maschen stricken.

**Jacquardmuster A:** Maschenzahl teilbar durch 9 + 1 + 2 Randmaschen. Nach Zählmuster A glatt rechts stricken. Es sind Hin- und Rückreihen gezeichnet. Mit der Masche vor dem rechten Pfeil beginnen, den Mustersatz von 9 Maschen zwischen den Pfeilen stets wiederholen und mit den Maschen nach dem linken Pfeil enden. 1x die 1. – 7. Reihe stricken.

**Jacquardmuster B:** Maschenzahl teilbar durch 9 + 1 + 2 Randmaschen. Nach Zählmuster B glatt rechts stricken. Es sind Hin- und Rückreihen gezeichnet. Mit der Masche vor dem rechten Pfeil beginnen, den Mustersatz von 9 Maschen zwischen den Pfeilen stets wiederholen und mit den Maschen nach dem linken Pfeil enden. 1x die 1. – 46. Reihe, dann noch 5x die 46. R stricken = 51 Reihen.

**Maschenproben:**
Glatt rechts, mit Nadeln Nr. 4,5: 20,5 Maschen und 26 Reihen = 10 x 10 cm
Jacquardmuster B, mit Nadeln Nr. 4,5: 24 Maschen und 24 Reihen = 10 x 10 cm

## SO WIRD'S GEMACHT

**Rückenteil:** 110 (118/126) Maschen in Jeans mit Nadeln Nr. 4 anschlagen und für den Bund 6 cm = 17 Reihen im Rippenmuster stricken, dabei in der 1. Reihe = Rückreihe nach der Randmasche mit 1 Masche links, 2 Maschen rechts, 2 Maschen links beginnen und gegengleich enden. Dann mit Nadeln Nr. 4,5 glatt rechts weiterarbeiten, dabei in der 1. Reihe gleichmäßig verteilt 1 (2/3) Maschen zunehmen = 111 (120/129) Maschen. Nach 1,5 cm = 4 R ab Bund das Jacquardmuster A stricken. Danach glatt rechts in Jeans weiterarbeiten. In 36 cm Gesamthöhe beidseitig 1 Masche abketten = 109 (118/127) Maschen. Danach die Maschen stilllegen.

**Linkes Vorderteil:** 55 (59/63) Maschen in Jeans mit Nadeln Nr. 4 anschlagen und für den Bund 6 cm = 17 Reihen im Rippenmuster stricken, dabei in der 1. Reihe = Rückreihe nach der Randmasche mit 2 Maschen links, 2 Maschen rechts beginnen und mit 1 Masche links und Randmasche enden. Dann mit Nadeln Nr. 4,5 glatt rechts weiterarbeiten, dabei in der 1. Reihe 1 (1/2) Maschen zunehmen = 56 (60/65) Maschen. Nach 1,5 cm = 4 R ab Bund das Jacquardmuster A stricken, dabei zwischen den Randmaschen den Mustersatz stets wiederholen (den Mustersatz stets wiederholen und mit den ersten 4 Maschen

des Mustersatzes enden/den Mustersatz stets wiederholen). Danach glatt rechts in Jeans weiterarbeiten. In 36 cm Gesamthöhe am linken Rand 1 Masche abketten = 55 (59/64) Maschen. Danach die Maschen stilllegen.

**Rechtes Vorderteil:** gegengleich arbeiten. Das Jacquardmuster A wie folgt einteilen: Mit Randmasche und der letzten Masche (den letzten 5 Maschen/der letzten Masche) des Mustersatzes beginnen, den Mustersatz stets wiederholen und mit den ersten 8 Maschen des Mustersatzes und Randmasche enden.

**Linker Ärmel:** 42 (50/58) Maschen in Jeans mit Nadeln Nr. 4 anschlagen und für den Bund 6 cm = 17 Reihen im Rippenmuster stricken, dabei in der 1. Reihe = Rückreihe nach der Randmasche mit 2 Maschen links, 2 Maschen rechts beginnen. Dann mit Nadeln Nr. 4,5 glatt rechts weiterarbeiten, dabei in der 1. Reihe 6 (7/8) Maschen zunehmen = 48 (57/66) Maschen. Nach 1,5 cm = 4 R ab Bund das Jacquardmuster A stricken. Danach glatt rechts in Jeans weiterarbeiten. Für die Ärmelschrägen beidseitig in der 13. Reihe ab Bund 1x 1 Masche, dann in jeder 12. Reihe 2x je 1 Masche und in jeder 10. Reihe 6x je 1 Masche zunehmen = 66 (75/84) Maschen. In 47 cm Gesamthöhe beidseitig 1 Masche abketten = 64 (73/82) Maschen. Danach die Maschen stilllegen.

**Passe:** Die Maschen aller Teile auf die Rundstricknadel Nr. 4,5 nehmen: 55 (59/64) Maschen rechtes Vorderteil, 64 (73/82) Maschen rechter Ärmel, 109 (118/127) Maschen Rückenteil, 64 (73/82) Maschen linker Ärmel,

55 (59/64) Maschen linkes Vorderteil = 347 (382/419) Maschen. 2 (8/14) Reihen glatt rechts in Jeans stricken, dabei in der 1. Reihe gleichmäßig verteilt 34 (53/70) Maschen zunehmen = 381 (435/489) Maschen. Dann das Jacquardmuster B stricken. Durch die Abnahmen sind nach den 51 Reihen Jacquardmuster B nur noch 128 (146/164) Maschen auf der Nadel. Dann 1 Hinreihe glatt rechts in Jeans stricken, dabei gleichmäßig verteilt 12 (22/32) Maschen abnehmen = 116 (124/132) Maschen. Für die Blende mit der Rundstricknadel Nr. 4 noch 2 cm = 6 Reihen im Rippenmuster in Jeans stricken. Danach alle Maschen abketten.

## FERTIGSTELLUNG

Aus den Verschlussrändern der Vorderteile und den Blendenschmalseiten je 130 (134/138) Maschen mit der Rundstricknadel Nr. 4 in Jeans auffassen und 2 cm = 6 Reihen im Rippenmuster stricken, dabei in die Blende des rechten Vorderteils nach
1 cm gleichmäßig verteilt 7 Knopflöcher (= 2 Maschen mustergemäß zusammenstricken, 1 Umschlag) arbeiten. Maschen abketten. Ärmel- und Seitennähte schließen. Knöpfe annähen.

**ZÄHLMUSTER**

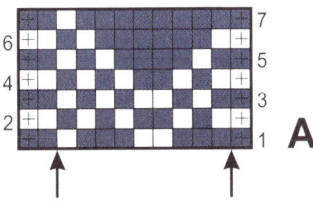

A

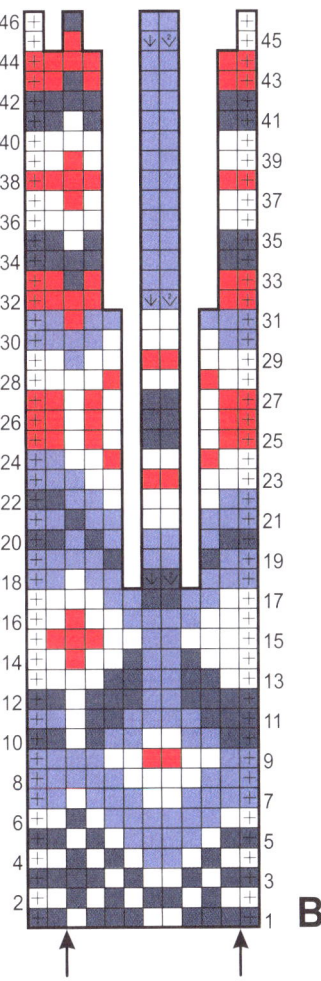

B

**ZEICHENERKLÄRUNG**

⊞ = Randmasche

☐ = 1 Masche Natur

▨ = 1 Masche Silber

▨ = 1 Masche Jeans

🟥 = 1 Masche Dunkelrot

⊡ = 2 Maschen rechts zusammenstricken

⊡ = 2 Maschen rechts überzogen zusammenstricken (= 1 Masche wie zum Rechtsstricken abheben, 1 Masche rechts stricken, dann die abgehobene Masche überziehen)

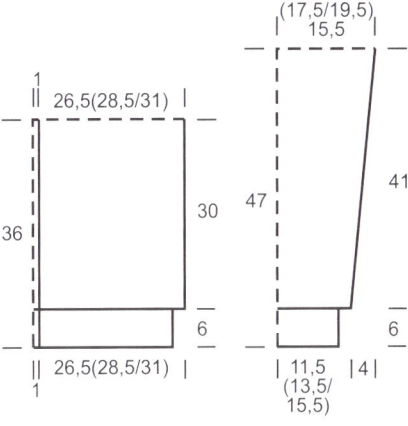

# Clara
## SPITZENJÄCKCHEN

### GRÖSSE

34, 36/38, 40/42 und 44/46

Die Angaben für die Größen 36/38, 40/42 und 44/46 stehen in Klammern. Steht nur eine Angabe, so gilt diese für alle Größen.

### MATERIAL

LANG YARNS „Asia" (70 % Seide, 30 % Yak, Lauflänge 145 m/50 g): 350 (400/450/500) g Rosenholz (Farbe 48) und „Mohair Luxe Paillettes" (41 % Mohair, 37 % Schurwolle, 20 % Seide, 2 % Polyester, Lauflänge 145 m/25 g): 150 (175/200/225) g Rosenholz (Farbe 48).

Stricknadeln Nr. 4,5; Häkelnadel Nr. 4.

5 Knöpfe (Artikel-Nr. 13540, Farbe vielfarbig, 24 mm Ø) von Jim Knopf.

**Hinweis:** Stets zweifädig mit je 1 Faden jedes Garns stricken.

**Ajourmuster:** Maschenzahl teilbar durch 18 + 12 + 2 Randmaschen. Siehe Strickschrift. Es sind Hin- und Rückreihen gezeichnet. Mit den 2 Maschen vor dem rechten Pfeil beginnen, den Mustersatz von 18 Maschen zwischen den Pfeilen stets wiederholen und mit den 12 Maschen nach dem linken Pfeil enden. Die 1. – 24. Reihe stets wiederholen. Bei Ab- und Zunahmen darauf achten, dass sich Umschläge und zusammengestrickte Maschen in den äußeren Mustersätzen stets ausgleichen.

**Maschenproben:**
Ajourmuster, zweifädig (= je 1 Faden pro Garn): 24,5 Maschen und 25 Reihen = 10 x 10 cm

### SO WIRD'S GEMACHT

**Rückenteil:** 104 (122/140/158) Maschen zweifädig (= je 1 Faden pro Garn) anschlagen und 1 Rückreihe rechts stricken. Dann im Ajourmuster stricken. In 36 cm Gesamthöhe für die Armausschnitte beidseitig 1x 3 Maschen und in jeder 2. Reihe 2x je 2 Maschen, 2x je 1 Masche und in der folgenden 4. Reihe 1x 1 Masche abketten = 84 (102/120/138)

Maschen. In 51 (53/55/57) cm Gesamthöhe für den Halsausschnitt die mittleren 30 Maschen abketten und beide Seiten getrennt beenden. Für die Ausschnittrundung am inneren Rand in jeder 2. Reihe 1x 2 Maschen und 1x 1 Masche abketten. In 52 (54/56/58) cm Gesamthöhe für die Schulterschräge am äußeren Rand 1x 4 (7/9/11) Maschen und in jeder 2. Reihe 4x je 5 Maschen (2x je 7 Maschen und 2x je 6 Maschen/ 1x 9 Maschen und 3x je 8 Maschen/ 4x je 10 Maschen) abketten. Andere Seite gegengleich beenden.

**Linkes Vorderteil:** 54 (63/72/81) Maschen zweifädig (= je 1 Faden pro Garn) anschlagen und 1 Rückreihe rechts stricken. Danach in folgender Mascheneinteilung stricken: Das Ajourmuster mit Randmasche und der Masche vor dem rechten Pfeil beginnen, den Mustersatz zwischen den Pfeilen 2 (3/3/4)x arbeiten und mit den 10 (1/10/1) Maschen nach dem linken Pfeil enden, dann für die Blende 2 Maschen links, 2 Maschen rechts verschränkt (in den Rückreihen links verschränkt stricken) 1 Masche links und Randmasche stricken.
Für Größe 36/38 und 44/46 statt der grau unterlegten Maschen am Ende der Reihen nur 2 Maschen mustergemäß zusammenstricken. In 36 cm Gesamthöhe für den Armausschnitt am

Ein verspieltes Jäckchen mit 3/4-Ärmeln, passend zum Dirndl oder zur Sommerbluse. Luftig, locker und detailverliebt.

rechten Rand 1x 3 Maschen, dann in jeder 2. Reihe 2x je 2 Maschen, 2x je 1 Masche und in der folgenden 4. Reihe 1x 1 Masche abketten = 44 (53/62/71) Maschen. In 39 (41/43/45) cm Gesamthöhe für den Halsausschnitt am linken Rand 1x 8 Maschen und in jeder 2. Reihe 1x 4 Maschen, 1x 3 Maschen, 1x 2 Maschen, 2x je 1 Masche und in der folgenden 4. Reihe 1x 1 Masche abketten. In 52 (54/56/58) cm Gesamthöhe für die Schulterschräge am rechten Rand 1x 4 (7/9/11) Maschen und in jeder 2. Reihe 4x je 5 Maschen (2x je 7 Maschen und 2x je 6 Maschen/ 1x 9 Maschen und 3x je 8 Maschen/ 4x je 10 Maschen) abketten.

**Rechtes Vorderteil:** gegengleich arbeiten.

**Ärmel:** 68 Maschen zweifädig (= je 1 Faden pro Garn) anschlagen und 1 Rück-reihe rechts stricken. Dann im Ajour-muster weiterarbeiten. Für die Ärmel-schrägen beidseitig in jeder 14. Reihe 5x je 1 Masche (in jeder 8. Reihe 9x je 1 Masche und in der folgenden 6. Reihe 1x 1 Masche/in jeder 6. Reihe 10x je 1 Masche und in jeder 4. Reihe 5x je 1 Masche/in jeder 4. Reihe 20x je 1 Masche) zunehmen = 78 (88/98/108) Maschen. In 33,5 cm Gesamthöhe für die Armkugel beidseitig 1x 3 Maschen und in jeder 2. Reihe 2x je 2 Maschen, 8x je 1 Masche, 2x je 2 Maschen und 1x 3 Maschen abketten = 34 (44/54/64) Maschen. In 45 cm Gesamthöhe rest-liche 34 (44/54/64) Maschen abket-ten. 2. Ärmel ebenso arbeiten.

## FERTIGSTELLUNG:

Schulternähte schließen. Ärmel ein-setzen. Seiten- und Ärmelnähte schlie-ßen. Den unteren Jackenrand, die Ver-schlussränder der Vorderteile und den Halsausschnitt zweifädig (= je 1 Faden pro Garn) mit 1 Runde wie folgt umhä-keln, dabei in die Ecken je 5 Stäbchen arbeiten: * 1 Kettmasche, 1 Masche oder Reihe überspringen, 3 Stäbchen in eine Einstichstelle, 1 Masche oder Reihe über-springen, ab * stets wiederholen, die Runde mit 1 Kettmasche schließen. Die unteren Ärmelränder genauso umhäkeln. Für das Bindeband zweifädig (= je 1 Faden pro Garn) eine ca. 130 (145/160/175) cm lange Luftmaschenkette häkeln, diese mit 1 Reihe Kettmaschen behäkeln. Das Bindeband ca. in Taillen-höhe locker in die Jacke einziehen. Knöpfe annähen. Als Knopflöcher dienen die Löcher der gehäkelten Bogenkante.

## STRICKSCHRIFT

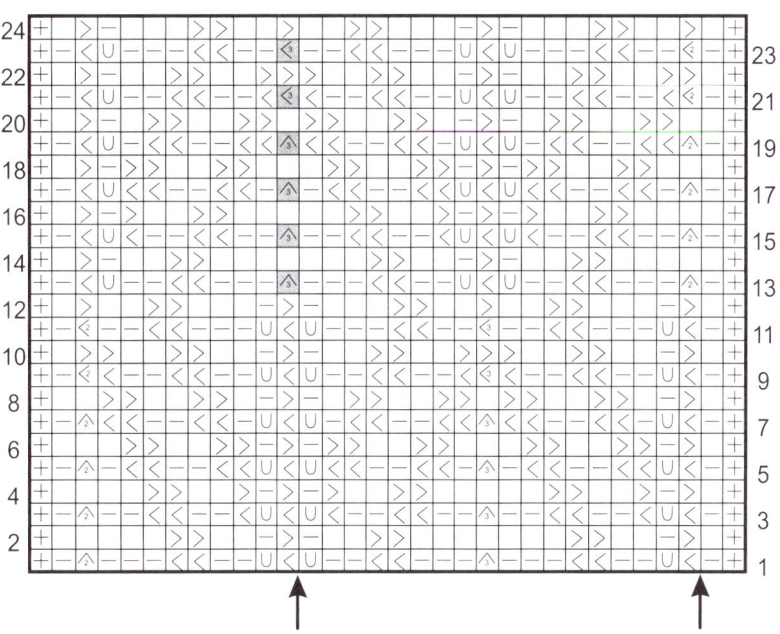

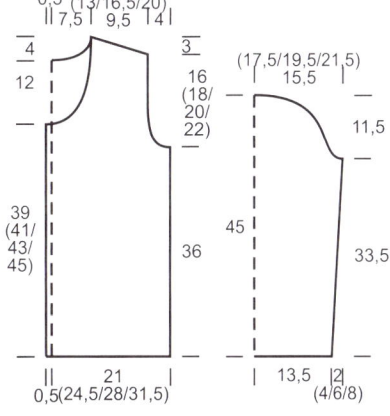

## ZEICHENERKLÄRUNG

- ⊞ = Randmasche
- □ = 1 Masche rechts
- ◁ = 1 Masche rechts verschränkt
- ▭ = 1 Masche links
- ▷ = 1 Masche links verschränkt
- Ⓤ = 1 Umschlag
- ◢ = 2 Maschen links zusammenstricken
- ◩ = 2 Maschen rechts verschränkt zusammen-stricken
- ◿ = 3 Maschen links zusammenstricken
- ◪ = 3 Maschen rechts verschränkt zusammenstricken

# Frida
## TOP MIT HERZ

### GRÖSSE

34/36, 38/40 und 42/44

Die Angaben für die Größen 38/40 und 42/44 stehen in Klammern. Steht nur eine Angabe, so gilt diese für alle Größen.

### MATERIAL

LANG YARNS „Asia" (70 % Seide, 30 % Yak, Lauflänge 145 m/50 g): 300 (350/400) g Hellgrau (Farbe 24) sowie je 50 g oder Reste  Bordeaux (Farbe 64), Rot (Farbe 60), Rosa (Farbe 65) Gelb (Farbe 13), Orange (Farbe 59) und Hellgrün (Farbe 97).

Stricknadeln Nr. 3; je 1 Häkelnadel Nr. 2,5 und 3.

1 Knopf (Artikel-Nr. 13421, Farbe 02 Silber, 24 mm Ø) von Jim Knopf.

**Glatt rechts:** Hinreihen rechte Maschen und Rückreihen linke Maschen stricken.

**Ajourmuster über 28 Maschen:** Siehe Strickschrift. Es sind Hin- und Rückreihen gezeichnet. Die 1. – 4. Reihe stets wiederholen.

**Maschenproben:**
Glatt rechts:
26 Maschen und 36 Reihen = 10 x 10 cm
Ajourmuster:
28 Maschen und 36 Reihen = 10 x 10 cm
Ajourmuster von Pfeil a bis b: 6 Maschen und 36 Reihen = 2,5 x 10 cm

### SO WIRD'S GEMACHT

**Rückenteil:** 128 (138/150) Maschen in Hellgrau anschlagen und 1 Rückreihe rechts stricken. Dann Maschen wie folgt einteilen: Randmasche, 15 (18/21) Maschen glatt rechts, 28 Maschen Ajourmuster, 40 (44/50) Maschen glatt rechts, 28 Maschen Ajourmuster, 15 (18/21) Maschen glatt rechts, Randmasche. Für die Hüftschrägen 5x in jeder 10. Reihe je 4 Maschen abnehmen, dafür die 2. und 3. Masche vor den Ajourmustern rechts zusammenstricken und die 2.

und 3. Masche nach den Ajourmustern rechts überzogen zusammenstricken (= 1 Masche wie zum Rechtsstricken abheben, 1 Masche rechts stricken, dann die abgehobene Masche überziehen) = 108 (118/130) Maschen. Danach für die Seitenschrägen beidseitig 5x in jeder 12. Reihe je 4 Maschen zunehmen, dafür 1 Masche vor und 1 Masche nach den Ajourmustern jeweils 1 Masche rechts verschränkt aus dem Querfaden herausstricken = 128 (138/150) Maschen. In 34 cm Gesamthöhe für die Armausschnitte beidseitig 1x 4 Maschen und in jeder 2. Reihe 1x 3 Maschen, 2x je 2 Maschen, 2x je 1 Masche und in der folgenden 4. Reihe 1x 1 Masche abketten = 100 (110/122) Maschen. In 40,5 (42,5/44,5) cm Gesamthöhe für den Schlitz die Arbeit in der Mitte teilen und beide Seiten getrennt beenden. In 50 (52/54) cm Gesamthöhe für den Halsausschnitt am inneren Rand 1x 16 Maschen und in jeder 2. Reihe 1x 2 Maschen und 1x 1 Masche abketten. In 51 (53/55) cm Gesamthöhe für die Schulterschräge am äußeren Rand 1x 7 (8/9) Maschen und in jeder 2. Reihe 4x je 6 (4x je 7/1x 9 und 3x je 8) Maschen abketten. Andere Seite gegengleich beenden.

**Vorderteil:** Wie das Rückenteil stricken, jedoch keinen Schlitz arbeiten und für den Halsausschnitt in 41

(43/45) cm Gesamthöhe die mittleren 10 Maschen abketten und beide Seiten getrennt beenden. Für die Ausschnittrundung am inneren Rand in jeder 2. Reihe 1x 3 Maschen, 2x je 2 Maschen, 2x je 1 Masche, in jeder 4. Reihe 4x je 1 Masche und in der folgenden 6. Reihe 1x 1 Masche abketten. Andere Seite gegengleich beenden.

**Ärmel:** 75 (83/91) Maschen in Hellgrau anschlagen und 1 Rückreihe rechts stricken. Dann glatt rechts weiterarbeiten. In der 8. Reihe ab Anschlag für die Lochreihe wie folgt stricken: Randmasche, * 2 Maschen rechts, 1 Umschlag, 2 Maschen rechts zusammenstricken, ab * stets wiederholen, 1 Masche rechts, Randmasche. In der Rückreihe die Umschläge links stricken. Danach glatt rechts weiterarbeiten. In 4 cm Gesamthöhe, in der letzten Rückreihe, gleichmäßig verteilt 17 (21/25) Maschen zunehmen = 92 (104/116) Maschen. Danach in folgender Mascheneinteilung weiterstricken: Randmasche, * 6 Maschen glatt rechts, 6 Maschen Ajourmuster von Pfeil a bis b, ab * 7 (8/9)x arbeiten, 6 Maschen glatt rechts, Randmasche. In 11 (13/15) cm Gesamthöhe für die Armkugel beidseitig 1x 4 Maschen und in jeder 2. Reihe 1x 3 Maschen, 2x je 2 Maschen, 3x je 1 Masche, in jeder 4. Reihe 2x je 1 Masche, in jeder 6. Reihe 4x je 1 Masche, dann wieder in jeder 2. Reihe 1x 1 Masche, 1x 2 Maschen und 1x 3 Maschen abketten = 40 (52/64) Maschen. In 25,5 (27,5/29,5) cm Gesamthöhe restliche 40 (52/64) Maschen abketten, dabei stets 2 Maschen rechts zusammenstricken. 2. Ärmel ebenso arbeiten.

## FERTIGSTELLUNG:

Auf das Vorderteil in 24 (26/28) cm Gesamthöhe mittig das Herz laut Zählmuster A im Maschenstich sticken. Die Stickvorlage für das Herz auf 10,5 x 14 cm vergrößern. Dann das Herz laut Stickvorlage besticken bzw. umsticken und zum Schluss die rote Innenfläche mit rosafarbenen Rückstichen umsticken. Auf den Ärmel Blumen im Margeritenstich sticken (siehe Foto). Schulternähte schließen. Den Halsausschnitt und den Schlitz mit Häkelnadel Nr. 2,5 mit 1 Runde fester Maschen in Hellgrau umhäkeln, dabei an der rechten Rückenteilhälfte 1 Knopflochschlinge (= 5 Luftmaschen) arbeiten. Am Halsausschnitt muss die Maschenzahl teilbar durch 4 + 1 sein. Dann nur den Halsausschnitt mit Häkelnadel Nr. 2,5 wie folgt umhäkeln: <u>1. Reihe, Rot:</u> * 1 Kettmasche, 3 Luftmaschen, 1 Masche überspringen, ab * stets wiederholen, enden mit 1 Kettmasche. <u>2. Reihe, Rosa:</u> An der ersten übersprungenen Maschen anschlingen, * 3 Luftmaschen, 1 Kettmasche in die folgende übersprungene Masche, dabei von vorne und gleichzeitig <u>vor</u> der 1. Reihe arbeiten, 3 Luftmaschen, 1 Kettmasche in die folgende übersprungene Masche, dabei von hinten und gleichzeitig <u>hinter</u> der 1. Reihe arbeiten, ab * stets wiederholen, enden mit 1 Kettmasche. Ärmel einsetzen, dabei den oberen Rand in kleine Falten legen. Ärmel- und Seitennähte schließen. Die unteren Ärmelränder und den unteren Pullirand wie den Halsausschnitt umhäkeln. Für die 2 Bindebänder je eine 45 (50/55) cm lange Luftmaschenkette mit Häkelnadel Nr. 3 in Rot und mit Häkelnadel Nr. 2,5 eine Reihe Kettmaschen in Gelb häkeln, dabei nur in den Maschenbogen, der auf der Rückseite der Luftmaschenkette liegt, einstechen. Die Bindebänder in die Lochreihe der Ärmel einziehen. Knopf annähen.

## ZÄHLMUSTER

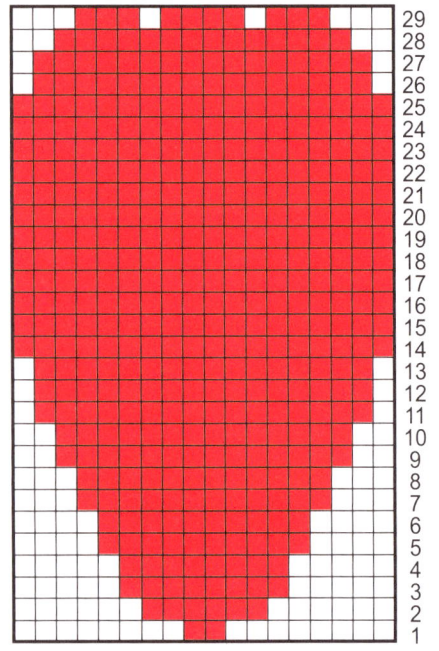

29
28
27
26
25
24
23
22
21
20
19
18
17
16
15
14
13
12
11
10
9
8
7
6
5
4
3
2
1

## STICKVORLAGE

## ZEICHENERKLÄRUNG STICKVORLAGE UND ZÄHLMUSTER:

▉ = 1 Maschenstich über 1 Masche und 1 Reihe in Rot

╱ = Rückstiche in Rosa

◢ = Plattstiche in Bordeaux

╲ = Plattstiche in Gelb

╱ = Plattstiche in Orange

╱ = Plattstiche in Rosa

⬮ = Wickelstich in Hellgrün

⬮ = Wickelstich in Gelb

⬮ = Wickelstich in Bordeaux

⬮ = Wickelstich in Orange

⬮ = Wickelstich in Rosa

## STRICKSCHRIFT

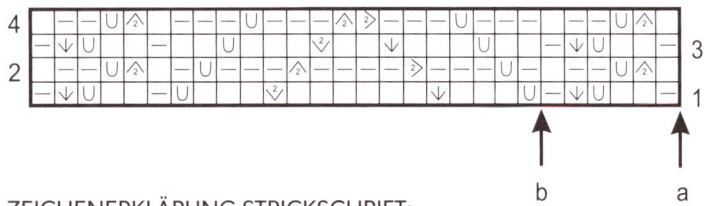

b          a

## ZEICHENERKLÄRUNG STRICKSCHRIFT:

☐ = 1 Masche rechts

⊟ = 1 Masche links

Ⓤ = 1 Umschlag

⊻ = 2 Maschen rechts zusammenstricken

⊼ = 2 Maschen links zusammenstricken

⬇ = 2 Maschen rechts überzogen zusammenstricken
(= 1 Masche wie zum Rechtsstricken abheben, 1 Masche rechts stricken, dann die abgehobene Masche überziehen)

⊠ = 2 Maschen links verschränkt zusammenstricken

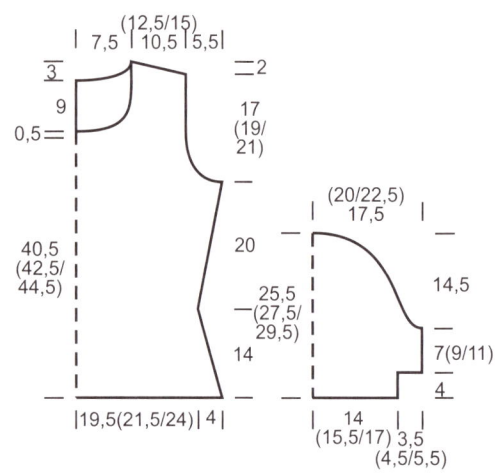

# Greta
## BLÜTENJANKER

## GRÖSSE

34/36, 38/40, 42/44 und 46/48

Die Angaben für Größen 38/40, 42/44 und 46/48 stehen in Klammern. Steht nur eine Angabe, so gilt diese für alle Größen.

## MATERIAL

LANG YARNS „Donegal" (100 % Schurwolle, Lauflänge 190 m/50 g): 500 (550/600/700) g Natur (Farbe 96), je 50 g Blau (Farbe 35), Rot (Farbe 16) und Grün (Farbe 50).

Stricknadeln Nr. 5; Häkelnadel Nr. 4.

7 Knöpfe (Artikel-Nr. 13351, Farbe Altsilber, 36 mm Ø) von Jim Knopf.

**Hinweis:** Stets zweifädig stricken.

**Kraus rechts:** Hin- und Rückreihen rechte Maschen stricken.

**Glatt rechts:** Hinreihe rechte Maschen und Rückreihen linke Maschen stricken.

**Zopf über 37 Maschen:** Siehe Strickschrift. Es sind nur Hinreihen gezeichnet; in den Rückreihen Maschen stricken, wie sie erscheinen. 3x die 1. – 12. Reihe, dann 1x die 37. – 59. Reihe stricken und danach die 1. – 12. Reihe stets wiederholen.

**Betonte Abnahmen:** <u>Rechter Rand:</u> Randmasche, 2 Maschen rechts zusammenstricken. <u>Linker Rand:</u> 2 Maschen rechts überzogen zusammenstricken (= 1 Masche wie zum Rechtsstricken abheben, 1 Masche rechts stricken, dann die abgehobene Masche überziehen), Randmasche.

**Maschenproben:**
Kraus rechts, zweifädig: 16 Maschen und 30 Reihen = 10 x 10 cm
Zopf, zweifädig: 37 Maschen und 30 Reihen = 18 x 10 cm

**Hinweis:** Die Raute des Zopfmusters ergibt am Rückenteil eine leichte Taillierung.

## SO WIRD'S GEMACHT

**Rückenteil:** 85 (91/101/111) Maschen in Natur zweifädig anschlagen und 1 Rückreihe rechts stricken. Dann Maschen wie folgt einteilen: Randmasche, 23 (26/31/36) Maschen kraus rechts, 37 Maschen Zopf, 23 (26/31/36) Maschen kraus rechts, Randmasche. In 34 cm Gesamthöhe für die Armausschnitte beidseitig 1x 4 Maschen und in jeder 2. Reihe 1x 3 Maschen, 1x 2 Maschen und 1x 1 Masche abketten = 65 (71/81/91) Maschen. In 55 (57/59/61) cm Gesamthöhe für den Halsausschnitt die mittleren 39 Maschen abketten und beide Seiten getrennt beenden. Für die Ausschnittrundung am inneren Rand in jeder 2. Reihe 3x je 1 Masche betont abnehmen.
In 55,5 (57,5/59,5/61,5) cm Gesamthöhe für die Schulterschräge am äußeren Rand 1x 2 (4/5/5) Maschen, dann in jeder 2. Reihe 1x 2 Maschen und 2x je 3 Maschen (3x je 3 Maschen/ 1x 5 Maschen und 2x je 4 Maschen/ 3x je 6 Maschen) abketten. Andere Seite gegengleich beenden.

**Linkes Vorderteil:** 40 (43/48/53) Maschen in Natur zweifädig anschlagen und kraus rechts stricken, dabei mit 1 Rückreihe beginnen. In 10,5 cm Gesamthöhe für den Tascheneingriff mittig 14 Maschen abketten.

Für den Taschenbeutel 20 Maschen mit Nadeln Nr. 3,5 einfädig anschlagen und 7,5 cm glatt rechts stricken.

Die 20 Maschen des Taschenbeutels anstelle der abgeketteten Maschen einfügen und kraus rechts zweifädig über alle Maschen weiterarbeiten, dabei über den 20 Maschen des Taschenbeutels in der 1. Reihe gleichmäßig verteilt 6 Maschen abnehmen = 40 (43/48/53) Maschen. In 34 cm Gesamthöhe für den Armausschnitt am rechten Rand 1x 4 Maschen und in jeder 2. Reihe 1x 3 Maschen, 1x 2 Maschen und 1x 1 Masche abketten = 30 (33/38/43) Maschen. In 45 (47/49/51) cm Gesamthöhe für den Halsausschnitt am linken Rand 1x 13 Maschen abketten, dann in jeder 2. Reihe 4x je 1 Masche und in jeder 4. R 3x je 1 Masche betont abnehmen. In 55,5 (57,5/59,5/61,5) cm Gesamthöhe für die Schulterschräge am rechten Rand 1x 2 (4/5/5) Maschen, dann in jeder 2. Reihe 1x 2 Maschen und 2x je 3 Maschen (3x je 3 Maschen/ 1x 5 Maschen und 2x je 4 Maschen/ 3x je 6 Maschen) abketten.

**Rechtes Vorderteil:** gegengleich arbeiten, jedoch gleichmäßig verteilt 7 Knopflöcher (= die 2. und 3. Masche rechts zusammenstricken, 1 Umschlag) arbeiten.

**Ärmel:** 36 (37/40/43) Maschen in Natur zweifädig anschlagen und kraus rechts stricken, dabei mit 1 Rückreihe beginnen. Für die Ärmelschrägen beidseitig in jeder 16. Reihe 7x je 1 Masche und in der folgenden 14. Reihe 1x 1 Masche (in jeder 14. Reihe 4x je 1 Masche und in jeder 12. Reihe 6x je 1 Masche/in jeder 12. Reihe 5x je 1 Masche und in jeder 10. Reihe 7x je 1 Masche/in jeder 10. Reihe 10x je

*Inmitten der Zopfraute versteckt sich ein kleines Blümchen aus Margeritenstichen.*

1 Masche und in jeder 8. Reihe 4x je 1 Masche) zunehmen = 52 (57/64/71) Maschen. In 46,5 cm Gesamthöhe für die Armkugel beidseitig 1x 3 Maschen abketten, in jeder 2. Reihe 1x 2 Maschen, 2x je 1 Masche, in jeder 4. Reihe 7x je 1 Masche, dann wieder in jeder 2. Reihe 1x 1 Masche betont abnehmen, 1x 2 Maschen und 1x 3 Maschen abketten = 12 (17/24/31) Maschen. In 60,5 cm Gesamthöhe die restlichen 12 (17/24/31) Maschen abketten. 2. Ärmel ebenso arbeiten.

## FERTIGSTELLUNG:

Stets zweifädig sticken. Mittig auf die Tasche des linken Vorderteils und mittig in die Raute des Zopfs jeweils 1 Blüte im Margeritenstich in Blau sticken (siehe Foto). In die Blütenmitte 1 Knötchenstich in Rot sticken. Taschenbeutel innen annähen. Schulternähte schließen. Den Halsausschnitt mit 1 Reihe fester Maschen und 1 Reihe Krebsmaschen (= feste Maschen von links nach rechts) in Natur zweifädig umhäkeln, dabei etwas einhalten. Den Halsausschnitt der Vorderteile mit einer Blumenranke im Margeritenstich zweifädig in Blau und Grün umsticken (siehe Foto). In die Blütenmitte je 1 Knötchenstich in Rot sticken. Ärmel einsetzen. Ärmel- und Seitennähte schließen. Knöpfe annähen.

## STRICKSCHRIFT:

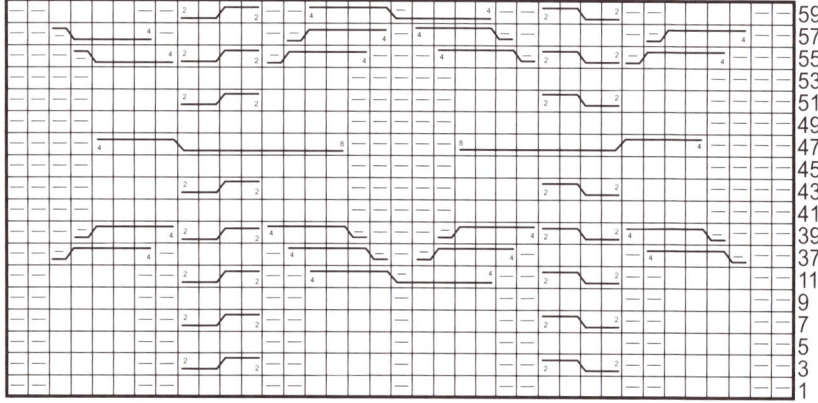

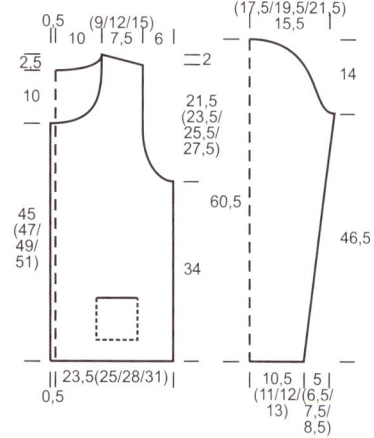

### ZEICHENERKLÄRUNG:

☐ = 1 Masche rechts

⊟ = 1 Masche links

= 2 Maschen auf eine Hilfsnadel vor die Arbeit legen, 2 Maschen rechts stricken, dann die 2 Maschen der Hilfsnadel rechts stricken

= 2 Maschen auf eine Hilfsnadel hinter die Arbeit legen, 2 Maschen rechts stricken, dann die 2 Maschen der Hilfsnadel rechts stricken

= 4 Maschen auf eine Hilfsnadel vor die Arbeit legen, 1 Masche links stricken, dann die 4 Maschen der Hilfsnadel rechts stricken

= 1 Masche auf eine Hilfsnadel hinter die Arbeit legen, 4 Maschen rechts stricken, dann die Masche der Hilfsnadel links stricken

= 4 Maschen auf eine Hilfsnadel vor die Arbeit legen, 4 Maschen rechts und 1 Masche links stricken, dann die 4 Maschen der Hilfsnadel rechts stricken

= 4 Maschen auf eine Hilfsnadel vor die Arbeit legen, 8 Maschen rechts stricken, dann die 4 Maschen der Hilfsnadel rechts stricken

= 8 Maschen auf eine Hilfsnadel hinter die Arbeit legen, 4 Maschen rechts stricken, dann die 8 Maschen der Hilfsnadel rechts stricken

# Valentin
## ZOPFMUSTER-WESTE

### GRÖSSE

46, 48/50 und 52/54

Die Angaben für Größen 48/50 und 52/54 stehen in Klammern. Steht nur eine Angabe, so gilt diese für alle Größen.

### MATERIAL

LANG YARNS „Donegal" (100 % Schurwolle, Lauflänge 190 m/50 g): 450 (500/550) g Braun (Farbe 68) und 50 g Beige (Farbe 39).

Stricknadeln Nr. 4,5 und 5; eine 40 cm lange Rundstricknadel Nr. 4,5; Häkelnadel Nr. 4,5.

7 Knöpfe (Artikel-Nr. 22387, Farbe Braun, 23 mm Ø) von Buttinette.

**Hinweis:** Stets zweifädig stricken.

**Rippenmuster:**
1 Masche rechts, 1 Masche links im Wechsel stricken.

**Glatt links:** Hinreihen linke Maschen und Rückreihen rechte Maschen stricken.

**Zopf über 33 Maschen:** Siehe Strickschrift. Es sind nur Hinreihen gezeichnet; in den Rückreihen Maschen stricken, wie sie erscheinen. Die jeweiligen Höhenrapporte stets wiederholen, also über die ersten und letzten 6 Maschen die 1. – 8. Reihe stets wiederholen und über die mittleren 21 Maschen die 1. – 22. Reihe stets wiederholen.

**Kraus rechts:** Hin- und Rückreihen rechte Maschen stricken.

**Tiefgestochene Masche: Hinreihe:**
1 Masche rechts, jedoch in die Masche eine Reihe tiefer einstechen.
**Rückreihe:** 1 Masche links.

**Maschenproben:**
Glatt links, zweifädig mit Nadeln Nr. 5: 19,5 Maschen und 26 Reihen = 10 x 10 cm
Zopf, zweifädig mit Nadeln Nr. 5: 33 Maschen und 26 Reihen = 16 x 10 cm
Blendeneinteilung, zweifädig mit Nadeln Nr. 5: 7 Maschen und 26 Reihen = 4,5 x 10 cm

### SO WIRD'S GEMACHT

**Rückenteil:** 99 (105/113) Maschen zweifädig in Braun mit Nadeln Nr. 4,5 anschlagen und für den Bund 5,5 cm im Rippenmuster stricken, dabei in der 1. Reihe = Rückreihe nach der Randmasche mit 1 Masche links, 1 Masche rechts beginnen und gegengleich enden. Dann mit Nadeln Nr. 5 weiterarbeiten und die Maschen wie folgt einteilen: Randmasche, 9 (12/16) Maschen glatt links, 33 Maschen Zopf, 13 Maschen glatt links, 33 Maschen Zopf, 9 (12/16) Maschen glatt links, Randmasche. In 38,5 cm Gesamthöhe für die Armausschnitte beidseitig 1x 3 Maschen und in jeder 2. Reihe 1x 2 Maschen, 2x je 1 Masche und in der folgenden 4. Reihe 1x 1 Masche abketten = 83 (89/97) Maschen. In 57 (59/61) cm Gesamthöhe für die Schulterschrägen beidseitig 1x 5 Maschen, dann in jeder 2. Reihe 1x 5 Maschen und 3x je 4 Maschen (4x je 5 Maschen/4x je 6 Maschen) abketten. Gleichzeitig mit Beginn der Schulterschrägen für den Halsausschnitt die mittleren 33 Maschen abketten und beide Seiten getrennt beenden. Für die Ausschnittrundung am inneren Rand in jeder 2. Reihe 1x 2 Maschen und 1x 1 Masche abketten. Andere Seite gegengleich beenden.

**Linkes Vorderteil:** 52 (54/58) Maschen zweifädig in Braun mit Nadeln Nr. 4,5

anschlagen und für den Bund 5,5 cm im Rippenmuster stricken, dabei in der 1. Reihe = Rückreihe nach der Randmasche mit 1 Masche links, 1 Masche rechts beginnen. In 3 (3/2,5) cm Gesamthöhe das 1. Knopfloch (= 4.- und 5.-letzte Masche rechts zusammenstricken, 1 Umschlag) arbeiten. Die folgenden 6 Knopflöcher abwechselnd nach 8 und 8,5 cm (nach je 8,5 cm/nach je 9 cm) ebenso arbeiten. In der letzten Bundreihe für Größe 48/50 und 52/54 jeweils 1 Masche zunehmen = 52 (55/59) Maschen. Nach dem Bund mit Nadeln Nr. 5 weiterarbeiten und die Maschen wie folgt einteilen: Randmasche, 9 (12/16) Maschen glatt links, 33 Maschen Zopf, 2 Maschen glatt links, 1 tiefgestochene Masche, 5 Maschen und Randmasche kraus rechts. In 38,5 cm Gesamthöhe für den Armausschnitt am rechten Rand 1x 3 Maschen und in jeder 2. Reihe 1x 2 Maschen, 2x je 1 Masche und in der folgenden 4. Reihe 1x 1 Masche abketten = 44 (47/51) Maschen. In 52,5 (54/56,5) cm Gesamthöhe für den Halsausschnitt am linken Rand 1x 14 Maschen und in jeder 2. Reihe 1x 3 Maschen, 1x 2 Maschen, 2x je 1 Masche und in der folgenden 4. Reihe

1x 1 Masche abketten. In 57 (58,5/61) cm Gesamthöhe für die Schulterschräge am rechten Rand 1x 5 Maschen, dann in jeder 2. Reihe 1x 5 Maschen und 3x je 4 Maschen (4x je 5 Maschen/ 4x je 6 Maschen) abketten.

**Rechtes Vorderteil:** gegengleich, jedoch keine Knopflöcher arbeiten.

## FERTIGSTELLUNG:

Schulternähte schließen. Die Verschlussränder und den Halsausschnitt mit 1 Reihe fester Maschen in Braun zweifädig umhäkeln. Den Fuß der festen Maschen mit 1 Reihe Kettmaschen in Beige zweifädig überhäkeln. Für die Halsblende aus den festen Maschen 66 Maschen mit der Rundstricknadel in Braun zweifädig auffassen, dabei in der Mitte der Vorderteilblenden beginnen und enden. 2 cm kraus rechts stricken, dabei für die Rundung beidseitig in der 2. Reihe 1x 1 Masche und in der folgenden 2. R 1x 2 Masche abketten = 60 Maschen. Maschen abketten. Den äußeren Rand der Halsblende wie den Verschlussrand umhäkeln. Seitennähte schließen.

**STRICKSCHRIFT:**

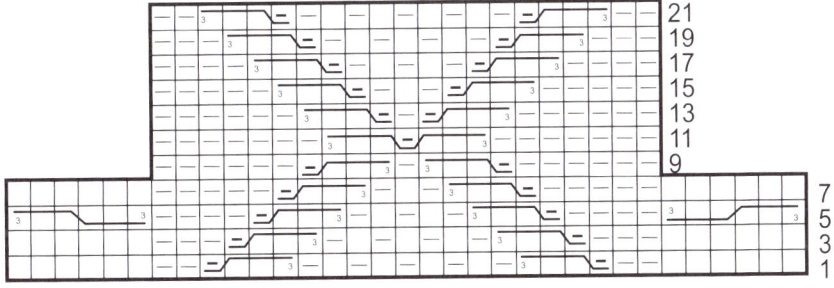

### ZEICHENERKLÄRUNG:

☐ = 1 Masche rechts

⊟ = 1 Masche links

= 3 Maschen auf eine Hilfsnadel vor die Arbeit legen, 1 Masche links stricken, dann die Maschen der Hilfsnadel rechts stricken

= 1 Masche auf eine Hilfsnadel hinter die Arbeit legen, 3 Maschen rechts stricken, dann die Masche der Hilfsnadel links stricken

= 3 Maschen auf eine Hilfsnadel vor die Arbeit legen, 3 Maschen rechts stricken, dann die Maschen der Hilfsnadel rechts stricken

= 3 Maschen auf eine Hilfsnadel hinter die Arbeit legen, 3 Maschen rechts stricken, dann die Maschen der Hilfsnadel rechts stricken

= 3 Maschen auf eine Hilfsnadel vor die Arbeit legen, 1 Masche auf eine zweite Hilfsnadel hinter die Arbeit legen, 3 Maschen rechts stricken, dann die Masche der zweiten Hilfsnadel links stricken und danach die Maschen der ersten Hilfsnadel rechts stricken

# Anna
## ZOPFMUSTER-HOODIE

### GRÖSSE
36/38, 40/42 und 44

Die Angaben für Größen 40/42 und 44 stehen in Klammern. Steht nur eine Angabe, so gilt diese für alle Größen.

### MATERIAL
LANG YARNS „Touring"
(75 % Schurwolle, 25 % Polyamid, Lauflänge 100 m/50 g):
750 (800/850) g Anthrazit (Farbe 205), je 50 g Weiß (Farbe 1), Gelb (Farbe 69), Blau (Farbe 33), Grün (Farbe 17) und Pink (Farbe 22).

Stricknadeln Nr. 4 und 4,5; je eine 40 cm lange Rundstricknadel Nr. 4 und 4,5; Häkelnadel Nr. 4.

1 teilbarer Reißverschluss (M40 Moselschieber, Artikel-Nr. 8881-0002-0060, Farbe Dunkelgrau, 55 (60/60) cm lang) von Opti.

1 großes Edelweiß aus der 12er Packung „Landhausperlen" (Artikel-Nr. 54891) von Buttinette.

**Rippenmuster:** 1 Masche rechts, 1 Masche links im Wechsel stricken.

**Glatt links:** Hinreihen linke Maschen und Rückreihen rechte Maschen stricken.

**Glatt rechts:** Hinreihen rechte Maschen und Rückreihen linke Maschen stricken.

**Zopf über 15 Maschen:** Siehe Strickschrift. Es sind nur Hinreihen gezeichnet; in den Rückreihen Maschen stricken, wie sie erscheinen. Die 1. – 42. Reihe stets wiederholen.

**Maschenproben:**
Glatt links mit Nadeln Nr. 4,5: 19 Maschen und 27 Reihen = 10 x 10 cm
Zopf mit Nadeln Nr. 4,5: 15 Maschen und 27 Reihen = 6,5 x 10 cm

### SO WIRD'S GEMACHT
**Rückenteil:** 103 (109/121) Maschen in Anthrazit mit Nadeln Nr. 4 anschlagen und für den Bund 6,5 cm Rippenmuster stricken, dabei in der 1. Reihe = Rückreihe nach der Randmasche mit 1 Masche rechts, 1 Masche linksbeginnen und gegengleich enden. Dann mit Nadeln Nr. 4,5 weiterarbeiten und die Maschen wie folgt einteilen: Randmasche, 28 (31/37) Maschen glatt

links, 15 Maschen Zopf, 15 Maschen glatt links, 15 Maschen Zopf, 28 (31/37) Maschen glatt links, Randmasche. In 42 cm Gesamthöhe für die Armausschnitte beidseitig 1x 3 Maschen, dann in jeder 2. Reihe 2x je 2 Maschen und 2x je 1 Masche abketten = 85 (91/103) Maschen. In 62,5 (64,5/66,5) cm Gesamthöhe für die Schulterschrägen beidseitig 1x 6 (6/9) Maschen und in jeder 2. Reihe 3x je 6 (7/8) Maschen abketten. Gleichzeitig mit Beginn der Schulterschrägen für den Halsausschnitt die mittleren 31 Maschen abketten und beide Seiten getrennt beenden. Für die Ausschnittrundung am inneren Rand in jeder 2. Reihe 1x 2 Maschen und 1x 1 Masche abketten. Andere Seite gegengleich beenden.

**Linkes Vorderteil:** 53 (55/61) Maschen in Anthrazit mit Nadeln Nr. 4 anschlagen und für den Bund 6,5 cm Rippenmuster stricken, dabei in der 1. Reihe = Rückreihe nach der Randmasche mit 1 Masche links, 1 Masche rechts beginnen. In der letzten Bundreihe gleichmäßig verteilt 0 (1/1) Masche zunehmen = 53 (56/62) Maschen. Dann mit Nadeln Nr. 4,5 weiterarbeiten und die Maschen wie folgt einteilen: Randmasche, 35 (38/44) Maschen glatt links, 15 Maschen Zopf, 1 Masche glatt links, Randmasche. In 42 cm Gesamthöhe

für den Armausschnitt am rechten Rand
1x 3 Maschen, dann in jeder 2. Reihe
2x je 2 Maschen und 2x je 1 Masche
abketten = 44 (47/53) Maschen.
In 58 (60/62) cm Gesamthöhe für
den Halsausschnitt am linken Rand 1x
13 Maschen und in jeder 2. Reihe 1x
3 Maschen, 1x 2 Maschen, 1x 1 Masche
und in der folgenden 4. Reihe 1x
1 Masche abketten. In 58 (60/62) cm
Gesamthöhe für die Schulterschrägen
am rechten Rand 1x 6 (6/9) Maschen
und in jeder 2. Reihe 3x je 6 (7/8)
Maschen abketten.

**Rechtes Vorderteil:** gegengleich
arbeiten und das Rippenmuster mit
Randmasche und 1 Masche links,
1 Masche rechts beginnen.

**Ärmel:** 40 (44/48) Maschen in Anthrazit mit Nadeln Nr. 4 anschlagen und
für den Bund 6 cm Rippenmuster stricken. Dann mit Nadeln Nr. 4,5 glatt links
weiterarbeiten. Für die Ärmelschrägen
beidseitig in der 9. (7./7.) Reihe ab
Bund 1x 1 Masche, in jeder 8. Reihe
4x je 1 Masche und in jeder 6. Reihe
8x je 1 Masche (in jeder 6. Reihe 14x je
1 Masche/in jeder 6. Reihe 10x je
1 Masche und in jeder 4. Reihe 6x je
1 Masche) zunehmen = 66 (74/82)
Maschen. In 41 cm Gesamthöhe für
die Armkugel beidseitig 1x 3 Maschen
und in jeder 2. Reihe 2x je 2 Maschen,
2x je 1 Masche, in jeder 4. Reihe 5x
je 1 Masche und wieder in jeder
2. Reihe 1x 1 Masche, 2x je 2 Maschen
und 1x 3 Maschen abketten = 22
(30/38) Maschen. In 55 cm Gesamthöhe restliche 22 (30/38) Maschen
abketten. 2. Ärmel ebenso arbeiten.

**Linke Kängurutasche:** 34 Maschen mit
Nadeln Nr. 4,5 in Anthrazit anschlagen
und glatt links stricken, dabei mit 1
Rückreihe beginnen. In 7,5 cm Gesamt-
höhe für den Tascheneingriff am rechten
Rand 1x 5 Maschen und in jeder 2.
Reihe 1x 3 Maschen, 1x 2 Maschen und
3x je 1 Masche abketten = 21 Maschen.
In 15 cm Gesamthöhe die restlichen
21 Maschen abketten. Aus dem
Tascheneingriff 26 Maschen mit der
Rundstricknadel Nr. 4 in Anthrazit
auffassen und 2 cm im Rippenmuster
stricken. Maschen abketten.

**Rechte Kängurutasche:** gegengleich
arbeiten.

**Reißverschlussblende (2x):** 6 Maschen
in Anthrazit anschlagen und 58 (60/62)
cm glatt rechts stricken. Maschen
abketten.

## FERTIGSTELLUNG:

Schulternähte schließen. Für die
**Kapuze** aus dem Halsausschnitt 99
Maschen mit der Rundstricknadel Nr. 4
in Anthrazit auffassen und mit der Rundstricknadel Nr. 4,5 glatt links stricken.
Die mittleren 5 Maschen markieren.
In der 2. Reihe ab Auffassen beidseitig
der mittleren 5 Maschen je 1 Masche
aus dem Querfaden links verschränkt
herausstricken = 101 Maschen.
Diese Zunahmen in jeder 4. Reihe noch
3x ebenso arbeiten = 107 Maschen.
In 28 cm Höhe ab Auffassen beidseitig
1x 34 Maschen stilllegen und mit den
mittleren 39 Maschen weiterarbeiten,
dabei in jeder Hinreihe die letzte der
mittleren Maschen mit der folgenden
äußeren Masche links zusammenstricken und in jeder Rückreihe die
letzte der mittleren Maschen mit der

folgenden äußeren Masche rechts
zusammenstricken. Dies so oft wiederholen, bis alle äußeren Maschen aufgebraucht sind. Die restlichen 39
Maschen abketten. Die Stickvorlage
auf 15 x 15 cm vergrößern. Mit ca. 7 cm
Abstand zum Abkettrand die Kapuze
mittig nach der Stickvorlage besticken:
das Edelweiß in die untere Herzhälfte,
zwei größere Enzian in die Herzrund-
ungen und ein kleines Enzian dazwi-
schen. Die Verschlussränder und den
Gesichtsrand der Kapuze mit 1 Reihe
fester Maschen in Grün umhäkeln.
Dann nur den Gesichtsrand der Kapuze
mit 1 Reihe Krebsmaschen (= feste
Maschen von links nach rechts) in Grün
umhäkeln. Die Blende der Tascheneingriffe jeweils mit 1 Reihe fester Maschen
in Grün umhäkeln. Auf die linke Kängu-
rutasche mittig das Edelweiß nach der
Stickvorlage sticken. Die Kängurut-
taschen auf die Vorderteile nähen,
bündig an die Seitennaht und den
Bund. Reißverschluss einnähen. Reiß-
verschlussblenden innen auf den Reißverschluss nähen. Ärmel einsetzen.
Seiten- und Ärmelnähte schließen.
Eine ca. 4 cm lange Luftmaschenkette
in Grün häkeln und an den Verschluss
des Reißverschlusszippers nähen. An
das andere Ende das Edelweiß nähen.

Hübsches Detail:
Das Edelweiß der Kapuze
ziert auch die Tasche.

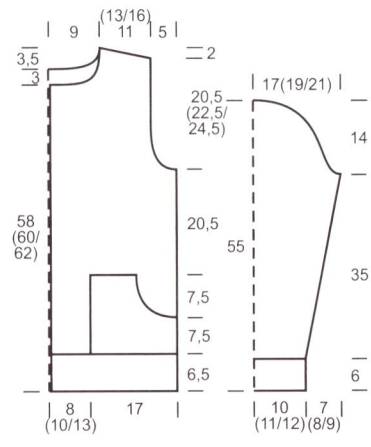

STRICKSCHRIFT:

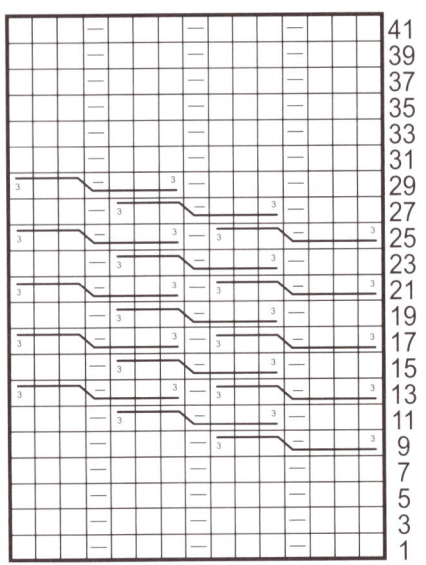

41
39
37
35
33
31
29
27
25
23
21
19
17
15
13
11
9
7
5
3
1

ZEICHENERKLÄRUNG
STRICKSCHRIFT:

☐ = 1 Masche rechts

⊟ = 1 Masche links

▭▭▭▭▭ = 3 Maschen auf eine
Hilfsnadel vor die Arbeit legen,
3 Maschen rechts und 1 Masche
links stricken, dann die 3 Maschen
der Hilfsnadel rechts stricken

ZEICHENERKLÄRUNG
STICKVORLAGE:

▽ = Plattstiche in Weiß

▼ = Plattstiche in Blau

▼ = Plattstiche in Grün

— = Steppstich in Pink

⬯ = Margeritenstich in Pink

● = Knötchenstich in Gelb

STICKVORLAGE:

# lise
## BLUMENJACKE

### GRÖSSE

34/36, 38/40 und 42/44

Die Angaben für Größen 38/40 und 42/44 stehen in Klammern. Steht nur eine Angabe, so gilt diese für alle Größen.

### MATERIAL

LANG YARNS „Magic Tweed" (62 % Schurwolle, 18 % Polyamid, 10 % Viskose, 10 % Polyacryl, Lauflänge 200 m/50 g): 550 (600/650) g Hellgrau (Farbe 3), je 50 g Türkis (Farbe 78), Orange (Farbe 59) und Grün (Farbe 98).

Stricknadeln Nr. 4,5; Rundstricknadel Nr. 4,5; Häkelnadel Nr. 4.

5 Knöpfe (Artikel-Nr. 13421, Farbe 02 Silber, 24 mm Ø) von Jim Knopf.

**Hinweis:** Stets zweifädig stricken.

**Glatt links:** Hinreihen linke Maschen und Rückreihen rechte Maschen stricken.

**Zopfmuster A:** Zu Beginn Maschenzahl teilbar durch 34 + 12, ab der 12. Reihe Maschenzahl teilbar durch 20 + 12. Siehe Strickschrift A. Es sind nur Hinreihen gezeichnet; in den Rückreihen Maschen stricken, wie sie erscheinen. Mit der Masche vor dem rechten Pfeil beginnen, den Mustersatz von 34 Maschen zwischen den Pfeilen stets wiederholen und mit den 11 Maschen nach dem linken Pfeil enden. 1x die 1. – 12. Reihe stricken, dann 8x die 13. – 16. Reihe, 1x die 45. – 48. Reihe stricken und zuletzt die 49. – 64. Reihe stets wiederholen.

**Zopfmuster B:** Maschenzahl teilbar durch 20 + 2 + 2 Randmaschen. Siehe Strickschrift B. Es sind nur Hinreihen gezeichnet; in den Rückreihen Maschen stricken, wie sie erscheinen. Mit den 2 Maschen vor dem rechten Pfeil beginnen, den Mustersatz von 20 Maschen 3x arbeiten und mit den Maschen nach dem linken Pfeil enden. 4x die 1. – 4. Reihe und dann 1x die 17. – 46. Reihe stricken.

**Maschenproben:**
Glatt links: 18 Maschen und 26 Reihen = 10 x 10 cm
Zopfmuster A ab der 49. Reihe und Zopfmuster B: 22 Maschen und 26 Reihen = 10 x 10 cm
Zopf: 4 Maschen und 26 Reihen = 1,5 x 10 cm

### SO WIRD'S GEMACHT

**Rückenteil:** 150 (158/166) Maschen zweifädig in Hellgrau anschlagen und 1 Rückreihe rechts stricken. Dann Maschen wie folgt einteilen: Randmasche, 0 (4/8) Maschen glatt links, 148 Maschen Zopfmuster A, 0 (4/8) Maschen glatt links, Randmasche. Durch die Abnahmen sind nach der 11. Reihe des Ajourmusters noch 94 (102/110) Maschen auf der Nadel. In 35 cm Gesamthöhe für die Armausschnitte beidseitig 1x 4 Maschen, dann in jeder 2. Reihe 1x 3 Maschen, 1x 2 Maschen, 2x je 1 Masche und in der folgenden 4. Reihe 1x je 1 Masche abketten = 70 (78/86) Maschen. Nach 51,5 (53,5/55,5) cm Gesamthöhe für den Halsausschnitt die mittleren 52 Maschen abketten und beide Seiten getrennt beenden. Für die Ausschnittrundung am inneren Rand in jeder 2. Reihe 1x 2 Maschen und 1x 1 Masche abketten.

Gleichzeitig in 52,5 (54,5/56,5) cm Gesamthöhe für die Schulterschräge am äußeren Rand 1x 2 (4/4) Maschen und in jeder 2. Reihe 2x je 2 (3/5) Maschen abketten. Andere Seite gegengleich beenden.

**Linkes Vorderteil:** 82 (86/90) Maschen zweifädig in Hellgrau anschlagen und 1 Rückreihe rechts stricken. Dann Maschen wie folgt einteilen: Randmasche, 0 (4/8) Maschen glatt links, 80 Maschen Zopfmuster A, Randmasche. Durch die Abnahmen sind nach der 11. Reihe des Ajourmusters nur noch 54 (58/62) Maschen auf der Nadel. In 35 cm Gesamthöhe für den Armausschnitt am rechten Rand 1x 4 Maschen, dann in jeder 2. Reihe 1x 3 Maschen, 1x 2 Maschen, 2x je 1 Masche und in der folgenden 4. Reihe 1x 1 Masche abketten = 42 (46/50) Maschen. In 45,5 (47,5/49,5) cm Gesamthöhe für den Halsausschnitt am linken Rand 1x 22 (23/24) Maschen und in jeder 2. Reihe 1x 4 Maschen, 1x 3 Maschen, 2x je 2 Maschen, 2x je 1 Masche und in der folgenden 4. Reihe 1x 1 Masche abketten. In 52,5 (54,5/56,5) cm Gesamthöhe für die Schulterschräge am rechten Rand 1x 2 (4/4) Maschen und in jeder 2. Reihe 2x je 2 (3/5) Maschen abketten.

**Rechtes Vorderteil:** gegengleich arbeiten, jedoch in 12,5 cm Gesamthöhe = in der 32. (32./34.) Reihe ab Anschlag das 1. Knopfloch (= 2. und 3. Masche links zusammenstricken, 1 Umschlag) arbeiten. Die folgenden Knopflöcher mit einem Abstand von je 20 (22/22) Reihen ebenso arbeiten.

**Ärmel:** 64 Maschen zweifädig in Hellgrau anschlagen und 1 Rückreihe rechts

*Kleine Zöpfe umschlingen Blumenstickereien auf dieser außergewöhnlichen Jacke.*

stricken. Dann im Zopfmuster B weiterarbeiten. Nach den 34 Reihen des Zopfmusters B über alle Maschen glatt links weiterarbeiten, dabei in der 1. Reihe gleichmäßig verteilt 12 Maschen abnehmen = 52 Maschen. Nun für die Ärmelschrägen beidseitig in der folgenden 11. (7./7.) Reihe 1x 1 Masche und in jeder 12. Reihe 2x je 1 Masche und in jeder 10. Reihe 3x je 1 Masche (in jeder 8. Reihe 8x je 1 Masche/in jeder 6. Reihe 9x je 1 Masche und in jeder 4. Reihe 3x je 1 Masche) zunehmen = 64 (70/78) Maschen. In 46,5 cm Gesamthöhe für die Armkugel beidseitig 1x 3 Maschen und in jeder 2. Reihe 1x 2 Maschen, 9x je 1 Masche, 3x je 2 Maschen und 1x 3 Maschen abketten = 18 (24/32) Maschen. In 57,5 cm Gesamthöhe die restlichen 18 (24/32) Maschen abketten. 2. Ärmel ebenso arbeiten.

## FERTIGSTELLUNG:

In die Zopfrauten im Margeritenstich 1 Blümchen in Orange und die Blätter in Grün sticken. Schulternähte schließen. Aus dem Halsausschnitt 103 Maschen mit der Rundstricknadel zweifädig in Hellgrau auffassen und 2 cm glatt links stricken. Maschen abketten. Ärmel einsetzen. Ärmel- und Seitennähte schließen. Die Verschlussränder, den Halsausschnitt und den unteren Jackenrand zweifädig in Türkis mit 1 Runde fester Maschen in Hellgrau und mit 1 Runde Krebsmaschen (= feste Maschen von links nach rechts) umhäkeln. Die 1. gestrickte Masche an den Verschlussrändern neben der hellgrauen Häkelreihe mit 1 Reihe Kettmaschen in Türkis behäkeln, dafür die Häkelnadel durch das Gestrick einstechen. Die 1. Runde der Halsausschnittblende ebenso mit 1 Reihe Kettmaschen zweifädig in Türkis umhäkeln. Knöpfe annähen.

STRICKSCHRIFT:

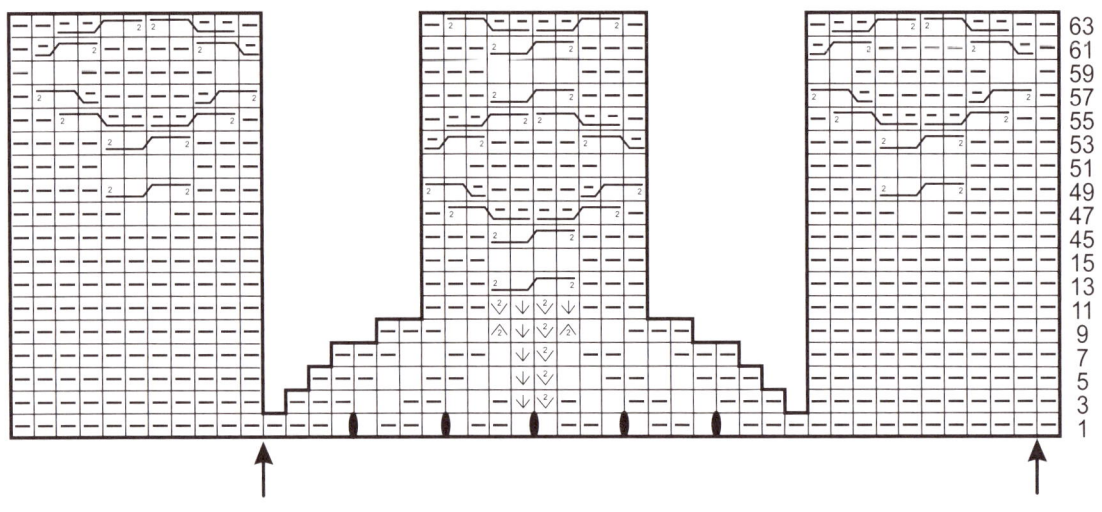

STRICKSCHRIFT:

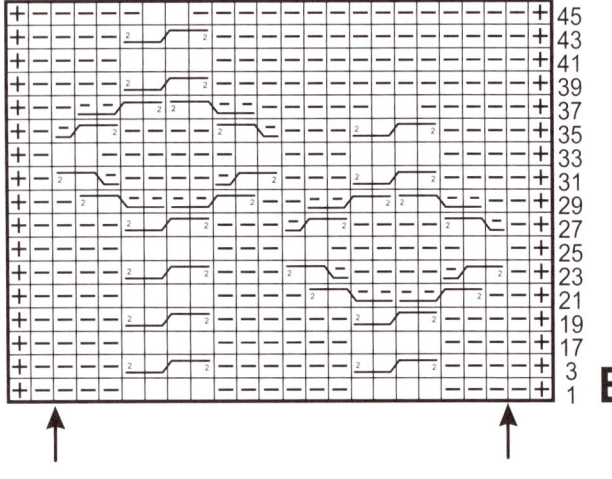

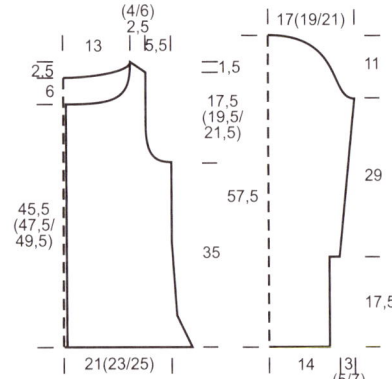

ZEICHENERKLÄRUNG:

⊞ = Randmasche

□ = 1 Masche rechts

⊟ = 1 Masche links

🝑 = 2 Maschen rechts zusammenstricken

↓ = 2 Maschen rechts überzogen zusammenstricken (= 1 Masche wie zum Rechtsstricken abheben, 1 Masche rechts stricken, dann die abgehobene Masche überziehen)

⟁ = 2 Maschen links zusammenstricken

● = 1 Noppe: aus dem Querfaden 5 Maschen herausstricken = 1 Masche rechts, 1 Masche links im Wechsel; und über diese 5 Maschen 3 Reihen glatt rechts stricken; die 5 Maschen rechts zusammenstricken; die übrige Masche in der folgenden Rückreihe mit der Masche danach links zusammenstricken

▭▭▭▭ = 2 Maschen auf eine Hilfsnadel vor die Arbeit legen, 1 Masche links stricken, dann die 2 Maschen der Hilfsnadel rechts stricken

▭▭▭ = 1 Masche auf eine Hilfsnadel hinter die Arbeit legen, 2 Maschen rechts stricken, dann die Masche der Hilfsnadel links stricken

▭▭▭▭ = 2 Maschen auf eine Hilfsnadel vor die Arbeit legen, 2 Maschen links stricken, dann die 2 Maschen der Hilfsnadel rechts stricken

▭▭▭▭ = 2 Maschen auf eine Hilfsnadel hinter die Arbeit legen, 2 Maschen rechts stricken, dann die 2 Maschen der Hilfsnadel links stricken

▭▭▭ = 2 Maschen auf eine Hilfsnadel hinter die Arbeit legen, 2 Maschen rechts stricken, dann die 2 Maschen der Hilfsnadel rechts stricken

# *Vroni*
## KLASSISCHER JANKER

### GRÖSSE
34/36, 38/40, 42/44 und 46/48

Die Angaben für Größen 38/40, 42/44 und 46/48 stehen in Klammern. Steht nur eine Angabe, so gilt diese für alle Größen.

### MATERIAL
LANG YARNS „Donegal" (100 % Schurwolle, Lauflänge 190 m/50 g): 300 (350/400/500) g Rot (Farbe 16), je 50 g Bordeaux (Farbe 64) und Petrol (Farbe 88).

Stricknadeln Nr. 3,5; eine 40 cm lange Rundstricknadel Nr. 3,5.

9 Knöpfe (Artikel-Nr. 29017, Farbe Silber, 20 mm Ø) von Buttinette.

**Kraus rechts:** Hin- und Rückreihen rechte Maschen stricken.

**Maschenprobe:**
**Kraus rechts:** 22 Maschen und 44 Reihen = 10 x 10 cm

### SO WIRD'S GEMACHT
**Rückenteil:** 95 (103/115/127) Maschen in Bordeaux anschlagen und kraus rechts stricken, dabei mit 1 Rückreihe beginnen. Zunächst für den Blende 3 cm = 13 Reihen in Bordeaux stricken, danach in Rot weiterarbeiten. In 32,5 cm Gesamthöhe für die Armausschnitte beidseitig 1x 4 Maschen und in jeder 2. Reihe 1x 3 Maschen, 2x je 2 Maschen und 2x je 1 Masche abketten = 69 (77/89/101) Maschen. In 53,5 (55,5/57,5/59,5) cm Gesamthöhe für den Halsausschnitt die mittleren 31 Maschen abketten und beide Seiten getrennt beenden. Für die Ausschnittrundung am inneren Rand in jeder 2. Reihe 1x 3 Maschen, 1x 2 Maschen, 1x 1 Masche und in der folgenden 4. Reihe 1x 1 Masche abketten. In 55 (57/59/61) cm Gesamthöhe für die Schulterschräge am äußeren Rand 1x 2 (3/4/5) Maschen und in jeder 2. Reihe 5x je 2 Maschen (3x je 3 Maschen und 2x je 2 Maschen/3x je 4 Maschen und 2x je 3 Maschen/3x je 5 M und 2x je 4 Maschen) abketten. Andere Seite gegengleich beenden.

**Linkes Vorderteil:** 45 (49/55/61) Maschen in Bordeaux anschlagen und kraus rechts stricken, dabei mit 1 Rückreihe beginnen. Zunächst für den Blende 3 cm = 13 Reihen in Bordeaux stricken, danach in Rot weiterarbeiten. Nach 5,5 cm = 24 Reihen in Rot für die Taschenblende die mittleren 19 Maschen in Bordeaux und beidseitig davon in Rot weiterarbeiten, dabei die einzelnen Farbflächen mit separaten Knäueln stricken und beim Farbwechsel die Fäden auf der Rückseite der Arbeit miteinander verkreuzen. Nach 8 Reihen = ca. 2 cm ab Taschenblendenbeginn für das Knopfloch die 9. und 10. bordeauxfarbene Masche rechts zusammenstricken und 1 Umschlag arbeiten. Nach 9 cm = 40 Reihen in Rot die mittleren 19 Maschen abketten. Für den Taschenbeutel 21 Maschen in Petrol anschlagen und 9 cm = 39 Reihen kraus rechts stricken. Faden abschneiden. Die 21 Maschen des Taschenbeutels anstelle der abgeketteten Maschen einfügen und kraus rechts in Rot über alle Maschen weiterarbeiten, dabei die Randmaschen des Taschenbeutels mit der Masche davor bzw. danach rechts zusammenstricken. In 32,5 cm Gesamthöhe für den Armausschnitt am rechten Rand 1x 4 Maschen und in jeder 2. Reihe 1x 3 Maschen, 2x je 2 Maschen und 2x je 1 Masche abketten = 32 (36/42/48) Maschen. In 45,5 (47,5/49,5/51,5) cm Gesamt-

höhe für den Halsausschnitt am linken Rand 1x 8 Maschen, dann in jeder 2. Reihe 1x 3 Maschen, 1x 2 Maschen, 2x je 1 Masche, in jeder 4. R 3x je 1 Masche und in jeder 6. Reihe 2x je 1 Masche abketten. In 55 (57/59/61) cm Gesamthöhe für die Schulterschräge am rechten Rand 1x 2 (3/4/5) Maschen und in jeder 2. Reihe 5x je 2 Maschen (3x je 3 Maschen und 2x je 2 Maschen/ 3x je 4 Maschen und 2x je 3 Maschen/ 3x je 5 M und 2x je 4 Maschen) abketten.

**Rechtes Vorderteil:** gegengleich arbeiten.

**Ärmel:** 46 (48/50/52) Maschen in Bordeaux anschlagen und kraus rechts stricken, dabei mit 1 Rückreihe beginnen. Zunächst für den Blende 3 cm = 13 Reihen in Bordeaux stricken, danach in Rot weiterarbeiten. Für die Ärmel-schrägen beidseitig in der 19. (15./13./13.) Reihe ab Blende 1x 1 Masche, dann in jeder 18. Reihe 8x je 1 Masche und in jeder 16. Reihe 2x je 1 Masche (in jeder 14. Reihe 13x je 1 Masche/in jeder 12. Reihe 9x je 1 Masche und in jeder 10. Reihe 8x je 1 Masche/in jeder 12. Reihe 4x je 1 Masche und in jeder 10. Reihe 14x je 1 Masche) zunehmen = 68 (76/86/94) Maschen. In 51 cm Gesamthöhe für die Armkugel beidseitig 1x 3 Maschen, in jeder 2. Reihe 2x je 2 Maschen, 2x je 1 Masche, in jeder 4. Reihe 2x je 1 Masche, in jeder 6. Reihe 5x je 1 Masche, in jeder 4. Reihe 2x je 1 Maschen, dann wieder in jeder 2. Reihe 2x je 1 Masche, 2x je 2 Maschen und 1x 3 Maschen abketten = 14 (22/32/40) Maschen. In 66 cm Gesamthöhe restliche 14 (22/32/40) Maschen abketten. 2. Ärmel ebenso arbeiten.

## FERTIGSTELLUNG:

Taschenbeutel innen annähen. Schulter-nähte schließen. Aus dem Halsaus-schnitt 120 Maschen mit der Rundstrick-nadel in Bordeaux auffassen und 3 cm kraus rechts stricken. Maschen abket-ten. Aus den Verschlussrändern und den Blendenschmalseiten je 106 (110/116/120) Maschen mit der Rundstricknadel in Bordeaux auffassen und 3 cm kraus rechts stricken, dabei in die Blende des rechten Vorderteils nach 1,5 cm gleich-mäßig verteilt 7 Knopflöcher (= 2 Maschen rechts zusammenstricken, 1 Umschlag) arbeiten. Maschen abket-ten. Ärmel einsetzen. Ärmel- und Seiten-nähte schließen. Knöpfe annähen.

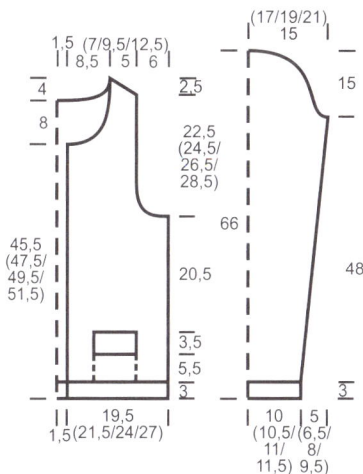

1,5 (7/9,5/12,5)

8,5  5  5  6

4

8

2,5

22,5
(24,5/
26,5/
28,5)

45,5
(47,5/
49,5/
51,5)

66

20,5

3,5

5,5

3

19,5

1,5(21,5/24/27)

(17/19/21)
15

15

48

3

10    5
(10,5/ (6,5/
11/    8/
11,5) 9,5)

# Kati
## SCHÖSSCHENJACKE

### GRÖSSE
36/38, 40/42 und 44/46

Die Angaben für Größen 40/42 und 44/46 stehen in Klammern. Steht nur eine Angabe, so gilt diese für alle Größen.

### MATERIAL
Buttinette „Woll Butt Primo Madeleine 150" (100 % Schurwolle, Lauflänge 150 m/50 g): 350 (400/450) g Royal (Farbe 22375) und 50 g Goldgelb (Farbe 24090).

Stricknadeln Nr. 4, Häkelnadel Nr. 3.

5 Knöpfe (Artikel-Nr. 12830, Farbe Altgold/Schwarz, 24 mm Ø) von Jim Knopf.

**Glatt rechts:** Hinreihen rechte Maschen und Rückreihen linke Maschen stricken.

**Glatt links:** Hinreihen linke Maschen und Rückreihen rechte Maschen stricken.

**Kraus rechts:** Hin- und Rückreihen rechte Maschen stricken.

**Ajourzopfmuster über 23 Maschen:** Siehe Strickschrift. Es sind nur Hinreihen gezeichnet; in den Rückreihen Maschen stricken, wie sie erscheinen, Umschlägen links stricken. Die 1. – 6. Reihe stets wiederholen.

**Kellerfalte:** 9 Maschen auf eine Hilfsnadel legen, 9 Maschen auf eine zweite Hilfsnadel legen; die zweite Hilfsnadel links auf links hinter die erste Hilfsnadel legen, dann beide Hilfsnadeln vor die folgenden 9 Maschen der linken Nadel legen; nun 9x je 1 Masche der ersten, der zweiten und der linken Nadel rechts zusammenstricken. Danach 9 Maschen auf eine Hilfsnadel legen, 9 Maschen auf eine zweite Hilfsnadel legen und die 2. Hilfsnadel rechts auf rechts vor die erste Hilfsnadel legen, die folgenden 9 Maschen der linken Nadel vor die beiden Hilfsnadeln legen und nun 9x je 1 Masche der linken Nadel, der zweiten und der ersten Hilfsnadel rechts zusammenstricken. Es bleiben 18 Maschen übrig.

**Betonte Abnahmen (Raglanschrägen):** <u>Rechter Rand:</u> Randmasche, 2 Maschen rechts, 2 Maschen rechts überzogen zusammenstricken (= 1 Masche wie zum Rechtsstricken abheben, 1 Masche rechts stricken, dann die abgehobene Masche überziehen). <u>Linker Rand:</u> 2 Maschen rechts zusammenstricken, 2 Maschen rechts, Randmasche.

**Betonte Abnahmen (Ausschnittschrägen):** <u>Rechter Rand:</u> Randmasche, 8 Maschen Zopf A, 2 Maschen rechts überzogen zusammenstricken (= 1 Masche wie zum Rechtsstricken abheben, 1 Masche rechts stricken, dann die abgehobene Masche überziehen). <u>Linker Rand:</u> 2 Maschen rechts zusammenstricken, 8 Maschen Zopf B, Randmasche.

**Maschenproben:**
Glatt rechts und glatt links: 21 Maschen und 30 Reihen = 10 x 10 cm
Ajourzopfmuster: 23 Maschen und 30 Reihen = 8 x 10 cm
Zopf A und B: 8 M = 2,5 cm

### SO WIRD'S GEMACHT
**Rückenteil:** 153 (161/169) Maschen in Royal anschlagen und 1 Rückreihe rechts stricken. Dann Maschen wie folgt einteilen: Randmasche,

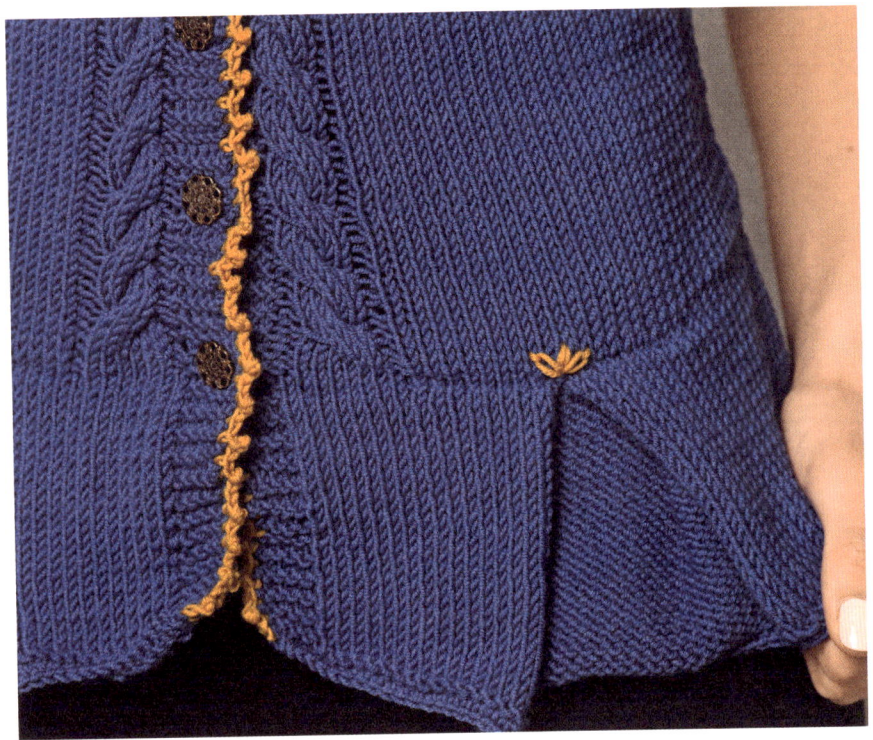

23 (25/27) Maschen glatt rechts, 36 Maschen glatt links, 33 (37/41) Maschen glatt rechts, 36 Maschen glatt links, 23 (25/27) Maschen glatt rechts, Randmasche. In 10 cm Gesamthöhe wie folgt stricken: Randmasche, 14 (16/18) Maschen glatt rechts, 1 Kellerfalte, 15 (19/23) Maschen glatt rechts, 1 Kellerfalte, 14 (16/18) Maschen glatt rechts, Randmasche = 81 (89/97) Maschen. Ab der folgenden Hinreihe die Maschen wie folgt einteilen: Randmasche, 28 (32/36) Maschen glatt rechts, 23 Maschen Ajourzopfmuster, 28 (32/36) Maschen glatt rechts, Randmasche. Nun für die Seitenschrägen beidseitig in jeder 10. Reihe 2x je 1 Masche und in jeder 8. Reihe 6x je 1 Maschen zunehmen = 97 (105/113) Maschen. In 35,5 cm Gesamthöhe

für die Raglanschrägen beidseitig 1x 1 Masche, dann in jeder 4. Reihe 4 (3/2) x je 1 Masche und in jeder 2. Reihe 19 (24/29)x je 1 Masche betont abnehmen. In 52 (54/56) cm Gesamthöhe für den Halsausschnitt die mittleren 35 Maschen abketten und beide Seiten getrennt beenden. Für die Ausschnittrundung am inneren Rand in jeder 2. Reihe 1x 2 Maschen und 1x 1 Masche abketten. In 54 (56/58) cm Gesamthöhe die restlichen 4 Maschen abketten. Andere Seite gegengleich beenden.

**Linkes Vorderteil:** 82 (86/90) Maschen in Royal anschlagen und 1 Rückreihe rechts stricken. Dann Maschen wie folgt einteilen: Randmasche, 23 (25/27) Maschen glatt rechts, 36 Maschen glatt

links, 17 (19/21) Maschen glatt rechts, 4 Maschen und Randmasche kraus rechts = 5 Maschen Blende. In 10 cm Gesamthöhe wie folgt stricken: Randmasche, 14 (16/18) Maschen glatt rechts, 1 Kellerfalte, 0 (2/4) Maschen glatt rechts, 8 Maschen Zopf B, 5 Maschen Blende = 46 (50/54) Maschen. Ab der folgenden Hinreihe die Maschen wie folgt einteilen: Randmasche, 32 (36/40) Maschen glatt rechts, 8 Maschen Zopf B, 5 Maschen Blende. Nun für die Seitenschräge am rechten Rand in jeder 10. Reihe 2x je 1 Masche und in jeder 8. Reihe 6x je 1 Maschen zunehmen = 54 (58/62) Maschen. In 35,5 cm Gesamthöhe für die Raglanschräge am rechten Rand 1x 1 Masche, dann in jeder 4. Reihe 4 (3/2)x je 1 Masche und in jeder 2. Reihe 16 (21/26)x je 1 Masche betont abnehmen. In 35,5 (37,5/39,5) cm Gesamthöhe für die Ausschnittschräge am linken Rand 1x 4 Maschen abketten und in jeder 2. Reihe 10x je 1 Masche und in jeder 4. Reihe 6x je 1 Masche betont abnehmen. Nach den Abnahmen der Ausschnittschräge und der Raglanschräge sind noch 13 Maschen auf der Nadel. Für die Halsausschnittblende über diese 13 Maschen die Mascheneinteilung noch 20,5 cm fortsetzen, dann die Maschen stilllegen.

**Rechtes Vorderteil:** gegengleich arbeiten, dabei den Zopf A stricken und ab 10 cm Gesamthöhe gleichmäßig verteilt 5 Knopflöcher (= 3. und 4. Masche rechts zusammenstricken, 1 Umschlag) arbeiten.

**Linker Ärmel:** 74 (82/90) Maschen in Royal anschlagen und 1 Rückreihe rechts stricken. Dann glatt rechts weiterarbeiten. In 1,5 cm Gesamthöhe für die Raglanschräge am rechten Rand

1x 1 Masche, dann in jeder 4. Reihe
4 (3/2)x je 1 Masche und in jeder
2. Reihe 19 (24/29)x je 1 Masche und
am linken Rand 1x 1 Masche, dann in
jeder 4. Reihe 4 (3/2)x je 1 Masche
und in jeder 2. Reihe 16 (21/26)x je
1 Masche betont abnehmen.
In 18 (20/22) cm Gesamthöhe am linken
Rand 1x 8 Maschen und in jeder 2. Reihe
3x je 7 Maschen abketten. Rechten
Ärmel gegengleich arbeiten.

## FERTIGSTELLUNG:

Raglannähte schließen. Die Maschen
der Halsausschnittblende im Maschenstich verbinden. Die Halsausschnittblende in den Halsausschnitt nähen,
dabei etwas einhalten.
Die Verschlussrändern, die Ausschnittschrägen und den Halsausschnitt mit
1 Reihe wie folgt in Goldgelb umhäkeln:
Faden anschlingen, * 1 feste Masche,
1 Picot (= 3 Luftmasche, 1 Kettmasche in
die 1. Luftmasche), 1 feste Masche,
ab * stets wiederholen. Ärmel- und
Seitennähte schließen. Die Ärmelränder
in Goldgelb ebenso umhäkeln. Über
den Kellerfalten mit 3 Margeritenstichen
in Goldgelb jeweils ein Blümchen
sticken. Knöpfe annähen.

**STRICKSCHRIFT:**

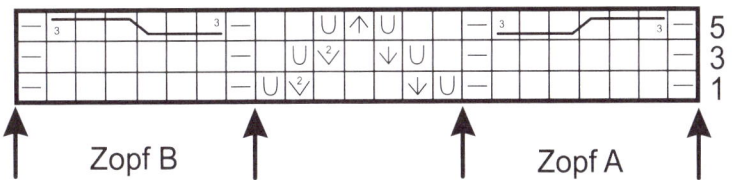

## ZEICHENERKLÄRUNG:

☐ = 1 Masche rechts

▬ = 1 Masche links

Ⓤ = 1 Umschlag

☑ = 2 Maschen rechts
zusammenstricken

↓ = 2 Maschen rechts überzogen
zusammenstricken (= 1 Masche
wie zum Rechtsstricken abheben,
1 Masche rechts stricken, dann die
abgehobene Masche überziehen)

↑ = 3 Maschen mit oben aufliegender
Mittelmasche rechts zusammenstricken (= 2 Maschen gemeinsam
wie zum Rechtsstricken abheben,
1 Masche rechts stricken, dann die
beiden abgehobenen Maschen
überziehen)

⬛ = 3 Maschen auf eine
Hilfsnadel vor die Arbeit legen,
3 Maschen rechts stricken, dann die
3 Maschen der Hilfsnadel rechts
stricken

⬛ = 3 Maschen auf eine
Hilfsnadel hinter die Arbeit legen,
3 Maschen rechts stricken, dann die
3 Maschen der Hilfsnadel rechts
stricken

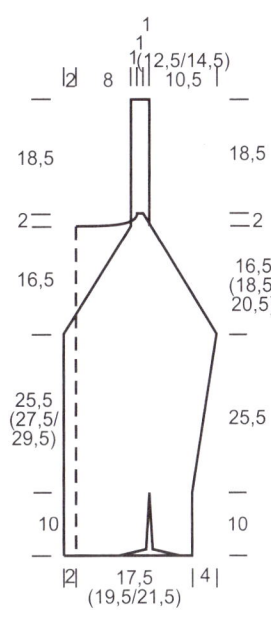

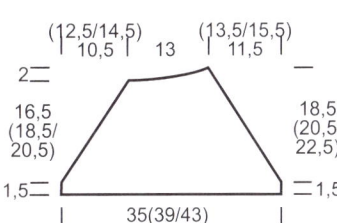

# Teresa

## ROSEN-BOLERO

### GRÖSSE

34/36, 38/40 und 42/44

Die Angaben für Größen 38/40 und 42/44 stehen in Klammern. Steht nur eine Angabe, so gilt diese für alle Größen.

### MATERIAL

LANG YARNS „Yak" (50 % Yak, 50 % Schurwolle, Lauflänge 130 m/50 g): 400 (450/500) g Rosenholz (Farbe 48) und „Merino 120" (100 % Schurwolle, Lauflänge 120 m/50 g): je 50 g Dunkelrot (Farbe 163), Orange (Farbe 459), Karminrot (Farbe 87), Tomate (Farbe 86), Rosa (Farbe 348), Lila (Farbe 147), Dunkelgrün (Farbe 98) und Hellgrün (Farbe 198).

Stricknadeln Nr. 4,5;
Häkelnadel Nr. 4.

**Kraus rechts:** Hin- und Rückreihen rechte Maschen stricken.

**Glatt rechts:** Hinreihen rechte Maschen und Rückreihen linke Maschen stricken.

**Rosenmotiv über 38 Maschen:** Siehe Zählmuster. Es sind Hin- und Rückreihen gezeichnet. 1x die 1. – 53. Reihe stricken. Die Maschenstiche nachträglich aufsticken und diese Maschen in der darunterliegenden Farbe stricken.

**Häkelborte:** Maschenzahl teilbar durch 14. Siehe Häkelschrift. Mit den Maschen vor dem Mustersatz beginnen, den Mustersatz von 14 Maschen stets wiederholen und mit den Maschen nach dem Mustersatz enden. 1x die 1. – 5. Runde häkeln.

**Verkürzte Reihen:** Innerhalb des Strickteils arbeiten. Dafür die Reihe bis zu den Maschen stricken, die stillgelegt werden sollen. Die Arbeit mit 1 Umschlag wenden und die Reihe zurückstricken. Die Umschläge in der folgenden Reihe rechts stricken.

**Maschenproben:**
**Glatt rechts mit Yak:** 19 Maschen und 28 Reihen = 10 x 10 cm
**Kraus rechts mit Yak:** 21 Maschen und 42 Reihen = 10 x 10 cm

### SO WIRD'S GEMACHT

**Rückenteil:** 76 (84/92) Maschen in Rosenholz anschlagen und 1 Rückreihe rechts stricken. Dann glatt rechts weiterarbeiten. Für die Seitenschrägen beidseitig in jeder 8. Reihe 3x je 1 Masche und in jeder 6. Reihe 3x je 1 Masche zunehmen = 88 (96/106) Maschen. In 9 cm Gesamthöhe = nach 25 Reihen ab Anschlag über die mittleren 38 Maschen das Rosenmotiv arbeiten. In 17 cm Gesamthöhe für die Armausschnitte beidseitig 1x 3 Maschen und in jeder 2. Reihe 1x 2 Maschen, 2 (3/4)x je 1 Masche und in der folgenden 4. Reihe 1x 1 Masche abketten = 72 (78/86) Maschen. In 33,5 (35,5/37,5) cm Gesamthöhe für den Halsausschnitt die mittleren 28 Maschen abketten und beide Seiten getrennt beenden. Für die Ausschnittrundung am inneren Rand in jeder 2. Reihe 1x 2 Maschen und 1x 1 Masche abketten. In 35,5 (37,5/39,5) cm Gesamthöhe die restlichen 19 (22/26) Maschen abketten. Andere Seite gegengleich beenden.

**Linkes Vorderteil:** Mit verkürzten Reihen stricken und an der linken Seitennaht beginnen. 36 Maschen in Rosenholz anschlagen und kraus rechts stricken, dabei mit 1 Rückreihe beginnen. Für die Rundung * eine Hinreihe über alle Maschen stricken, dann ** in der folgenden Rückreihe

Ab * 6x arbeiten = 12 Reihen am rechten Rand. Nun kraus rechts weiterarbeiten, dabei am linken Rand 2x in jeder 10. Reihe (4x in jeder 6. Reihe und 1x in der folgenden 4. Reihe/1x in der folgenden 6. Reihe und 7x in jeder 4. Reihe) je 1 Masche zunehmen = 38 (41/44) Maschen. Nach 15,5 (17,5/ 19,5) cm ab dem Ende der verkürzten Reihen für die Schulter am rechten Rand 1x 19 (24/27) Maschen abketten und über die restlichen 17 Maschen noch weitere 9 cm stricken, dabei am inneren Rand 1 Randmasche zunehmen = 18 Maschen. Danach alle Maschen abketten.

**Rechtes Vorderteil:** gegengleich arbeiten.

**Linker Ärmel:** 36 (40/44) Maschen in Rosenholz anschlagen und 1 Rückreihe rechts stricken. Dann glatt rechts weiterarbeiten. Für die Ärmelschrägen beidseitig 8x in jeder 12. Reihe je 1 Masche und 3x in jeder 10. Reihe je 1 Masche (12x in jeder 10. Reihe je 1 Masche und 1x in der folgenden 8. Reihe 1 Masche/ 4x in jeder 10. Reihe je 1 Masche und 11x in jeder 8. Reihe je 1 Masche) zunehmen = 58 (66/74) Maschen.

nur über die ersten 3 Maschen stricken, die Arbeit mit 1 Umschlag wenden, 3 Maschen zurückstricken. In der folgenden Rückreihe über die ersten 3 Maschen + den Umschlag rechts stricken, dann 2 Maschen rechts zusammenstricken und 1 weitere Masche rechts stricken = 6 Maschen. Die Arbeit

mit 1 Umschlag wenden, 6 Maschen zurückstricken. Ab ** so oft wiederholen bis über 33 Maschen gestrickt wird. In der folgenden Rückreihe über die ersten 33 Maschen + den Umschlag rechts stricken, dann 2 Maschen rechts zusammenstricken und 1 weitere Masche rechts stricken = 36 Maschen.

## HÄKELSCHRIFT:

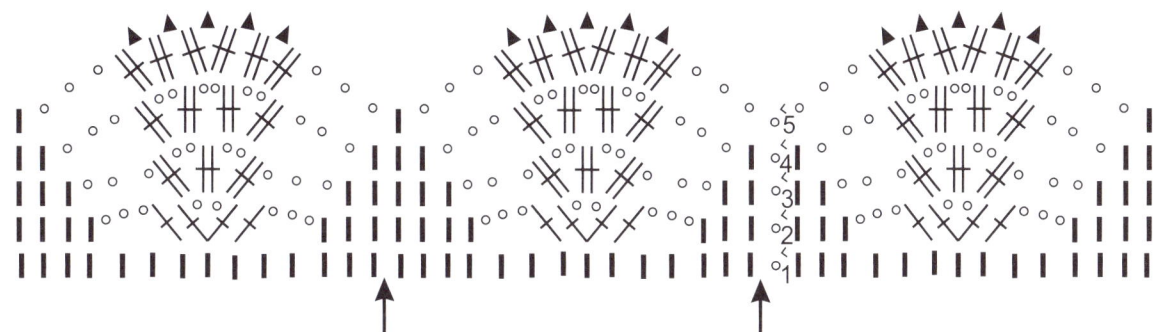

In 28 cm Gesamthöhe über die mittleren 38 Maschen das Rosenmotiv stricken. In 48,5 cm Gesamthöhe für die Armkugel beidseitig 1x 3 Maschen, in jeder 2. Reihe 1x 2 Maschen, 2x je 1 Masche, in jeder 4. Reihe 3x je 1 Masche, dann wieder in jeder 2. Reihe 2 (1/1)x je 1 Masche, 1x 2 Maschen und 1 (2/2)x je 3 Maschen abketten = 24 (28/36) Maschen. In 59 cm Gesamthöhe die restlichen 24 (28/ 36) Maschen abketten. 2. Ärmel ebenso arbeiten, jedoch das Rosenmotiv schon in 5 cm Gesamthöhe arbeiten.

## FERTIGSTELLUNG:

Die Rosenmotive je im Maschenstich laut Strickschrift besticken. Schulternähte schließen. Die rückwärtige Naht des Schalkragens schließen. Den Schalkragen in den rückwärtigen Halsausschnitt nähen. Den gesamten Bolerorand mit der Häkelborte in Rosenholz mit Häkelnadel Nr. 4 umhäkeln. Ärmel einsetzen. Seiten- und Ärmelnähte schließen.

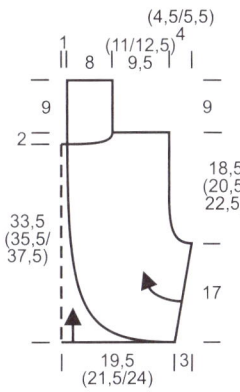

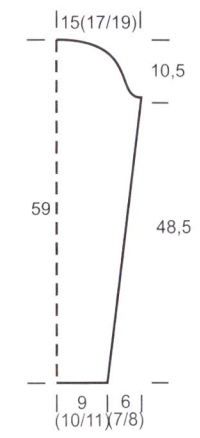

## ZEICHENERKLÄRUNG HÄKELSCHRIFT:

- ∘ = 1 Luftmasche
- ◂ = 1 Kettmasche
- | = 1 feste Masche
- † = 1 Stäbchen
- ▲ = 1 Picot (= 3 Luftmaschen, 1 feste Masche in die 1. Luftmasche)

ZÄHLMUSTER:

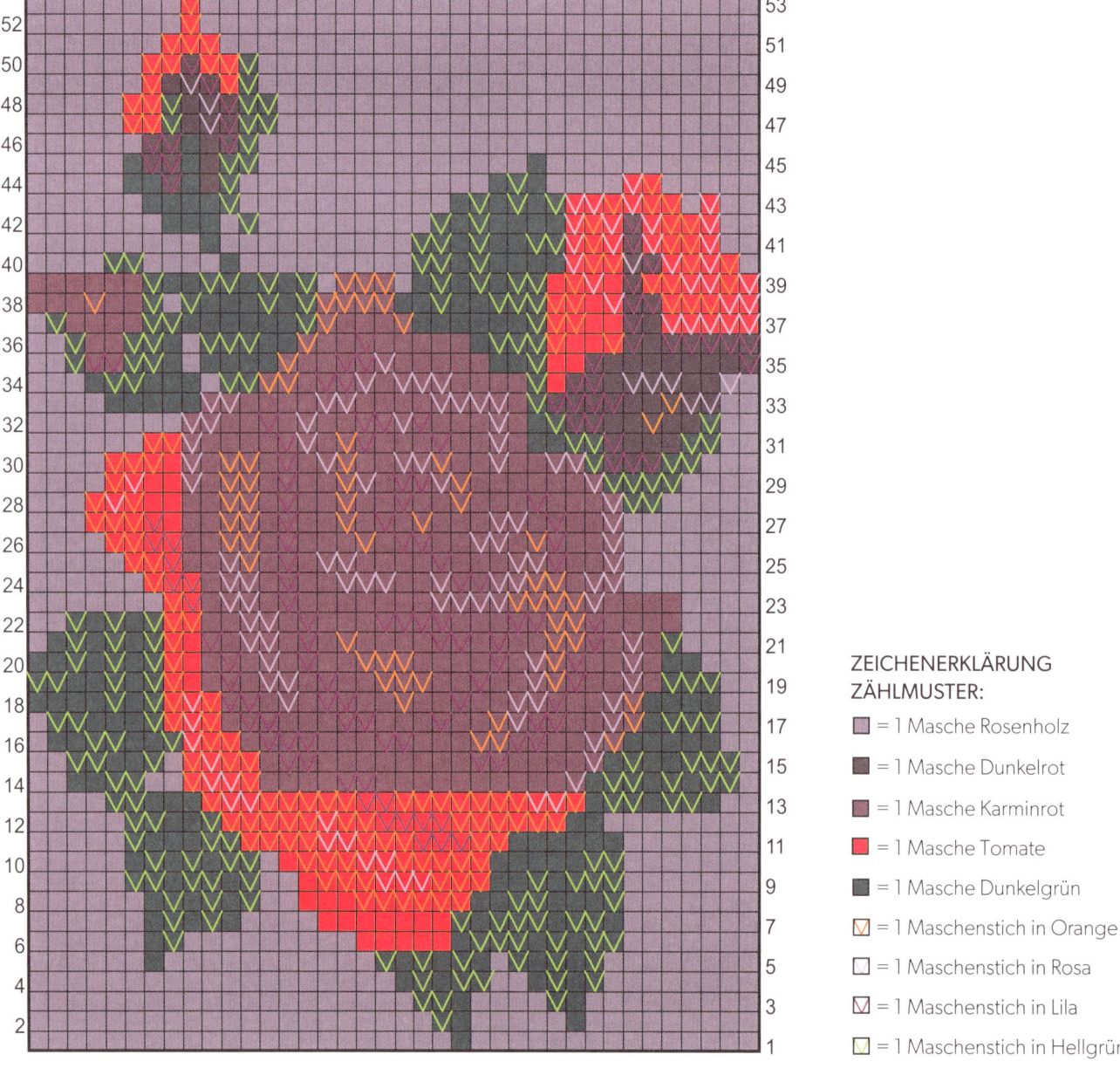

ZEICHENERKLÄRUNG
ZÄHLMUSTER:

☐ = 1 Masche Rosenholz

■ = 1 Masche Dunkelrot

■ = 1 Masche Karminrot

■ = 1 Masche Tomate

■ = 1 Masche Dunkelgrün

☑ = 1 Maschenstich in Orange

☐ = 1 Maschenstich in Rosa

☑ = 1 Maschenstich in Lila

☐ = 1 Maschenstich in Hellgrün

# Niklas
## HOODIE-JANKER

## GRÖSSE

46/48, 50/52 und 54/56

Die Angaben für die Größen 50/52 und 54/56 stehen in Klammern. Steht nur eine Angabe, so gilt diese für alle Größen.

## MATERIAL

LANG YARNS „Yak" (50 % Yak, 50 % Schurwolle, Lauflänge 130 m/50 g): 700 (750/800) g Hellgrau (Farbe 3), 100 g Smaragd (Farbe 74) und 50 g Aprikose (Farbe 75).

Stricknadeln Nr. 4,5; eine 40 cm lange Rundstricknadel Nr. 4,5.

7 Knöpfe (Artikel-Nr. 23303, Farbe Silber, 22 mm Ø) von Buttinette.

**Kraus rechts:** Hin- und Rückreihen rechte Maschen stricken.

**Maschenprobe:**
Kraus rechts: 19 Maschen und 36 Reihen = 10 x 10 cm

## SO WIRD'S GEMACHT

**Rückenteil:** 97 (105/113) Maschen in Smaragd anschlagen und für die Blende 2,5 cm = 7 Reihen kraus rechts stricken, dabei mit 1 Rückreihe beginnen. Danach in Hellgrau kraus rechts weiterarbeiten. In 39 cm Gesamthöhe für die Armausschnitte beidseitig 1x 3 Maschen und in jeder 2. Reihe 1x 2 Maschen, 3x je 1 Masche und in der folgenden 4. Reihe 1x 1 Masche abketten = 79 (87/95) Maschen. In 61,5 (63,5/ 65,5) cm Gesamthöhe für den Halsausschnitt die mittleren 25 Maschen abketten und beide Seiten getrennt beenden. Für die Ausschnittrundung am inneren Rand in jeder 2. Reihe 1x 3 Maschen, 1x 2 Maschen und 2x je 1 Masche abketten. In 64 (66/68) cm Gesamthöhe für die Schulterschräge am äußeren Rand 1x 5 (6/7) Maschen und in jeder 2. Reihe 3x je 5 (6/7) Maschen abketten. Andere Seite gegengleich beenden.

**Linkes Vorderteil:** 47 (51/55) Maschen in Smaragd anschlagen und für den die Blende 2,5 cm = 7 Reihen kraus rechts stricken, dabei mit 1 Rückreihe beginnen. Danach in Hellgrau kraus rechts weiterarbeiten. In 17,5 cm Gesamthöhe für den Tascheneingriff die mittleren 23 Maschen stilllegen und beidseitig je 12 (14/16) Maschen stilllegen.
Für den Taschenbeutel 25 Maschen in Aprikose anschlagen und 15 cm kraus rechts stricken, dabei in der letzten Reihe beidseitig 1 Masche abketten = 23 Maschen. Die 23 Maschen des Taschenbeutels anstelle der 23 stillgelegten Maschen einfügen und kraus rechts in Hellgrau über alle Maschen weiterarbeiten. In 39 cm Gesamthöhe für den Armausschnitt am rechten Rand 1x 3 Maschen und in jeder 2. Reihe 1x 2 Maschen, 3x je 1 Masche und in der folgenden 4. Reihe 1x 1 Masche abketten = 38 (42/46) Maschen. In 55 (57/59) cm Gesamthöhe für den Halsausschnitt am linken Rand 1x 4 Maschen und in jeder 2. Reihe 1x 4 Maschen, 1x 3 Maschen, 2x je 2 Maschen, 2x je 1 Masche und in der folgenden 4. Reihe 1x 1 Masche abketten. In 64 (66/68) cm Gesamthöhe für die Schulterschräge am rechten Rand 1x 5 (6/7) Maschen und in jeder 2. Reihe 3x je 5 (6/7) Maschen abketten.

**Rechtes Vorderteil:** gegengleich arbeiten.

**Ärmel:** 49 (53/57) Maschen in Smaragd anschlagen und für die Blende 2,5 cm = 7 Reihen kraus rechts stricken, dabei mit 1 Rückreihe beginnen. Danach in Hellgrau kraus rechts weiterarbeiten. Für die Ärmelschrägen beidseitig in der 15. (13./11.) Reihe ab Blende 1x 1 Masche und in jeder 12. Reihe 11x je 1 Masche (in jeder 12. Reihe 8x 1 Masche und in jeder 10. Reihe 4x je 1 Masche/ in jeder 10. Reihe 14x je 1 Masche) zunehmen = 73 (79/87) Maschen. In 46,5 cm Gesamthöhe für die Armkugel beidseitig 1x 3 Maschen, in jeder 2. Reihe 1x 2 Maschen, 3x je 1 Masche, in jeder 4. Reihe 11x je 1 Masche, dann wieder in jeder 2. Reihe 1x 1 Masche, 1x 2 Maschen und 1x 3 Maschen abketten = 23 (29/37) Maschen. In 63 cm Gesamthöhe die restlichen 23 (29/37) Maschen abketten. 2. Ärmel ebenso arbeiten.

## FERTIGSTELLUNG:

Über die stillgelegten 23 Maschen der Tascheneingriffe für die Blenden je 2,5 cm kraus rechts in Aprikose stricken. Maschen abketten. Blendenschmalseiten annähen. Taschenbeutel innen annähen. Schulternähte schließen. Für die **Kapuze** aus dem Halsausschnitt 102 Maschen mit der Rundstricknadel in Hellgrau auffassen und kraus rechts stricken. Die mittleren 20 Maschen markieren. In der 4. Reihe ab Auffassen beidseitig der mittleren 20 Maschen je 1 Masche aus dem Querfaden herausstricken = 104 Maschen. Diese Zunahmen in jeder 4. Reihe noch 3x ebenso arbeiten = 110 Maschen. In 37 cm Kapuzenhöhe die mittleren 6 Maschen markieren und beidseitig dieser

6 Maschen je 2 Maschen rechts zusammenstricken = 108 Maschen. Diese Abnahmen in jeder 2. Reihe noch 6x ebenso arbeiten = 96 Maschen. Danach die Maschen stilllegen. Die obere Kapuzennaht im Maschenstich schließen. Für die Blende aus den Verschlussrändern der Vorderteile und dem Gesichtsrand der Kapuze 352 (360/368) Maschen mit der Rundstricknadel in Smaragd auffassen und 2,5 cm kraus rechts stricken, dabei in die Blende des linken Vorderteils nach 1,5 cm gleichmäßig bis zum Halsausschnittbeginn verteilt 7 Knopflöcher (= 2 Maschen rechts zusammenstricken, 1 Umschlag) arbeiten. Maschen abketten. Ärmel einsetzen. Ärmel- und Seitennähte schließen. Knöpfe annähen.

# Franzi
## REVERS-JACKE

### GRÖSSE
36/38, 40/42 und 44/46

Die Angaben für Größen 40/42 und
44/46 stehen in Klammern. Steht nur eine
Angabe, so gilt diese für alle Größen.

### MATERIAL
Lang Yarns „Stockholm"
(60 % Schurwolle, 40 % Polyacryl,
Lauflänge 90 m/50 g):
400 (450/500) g Marine (Farbe 25),
100 g Mint (Farbe 58), je 50 g oder
Reste in Natur (Farbe 94), Curry
(Farbe 11) und Grün (Farbe 98) und
„Mohair Luxe Lamé" (73 % Mohair,
18 % Seide, 9 % Polyester,
Lauflänge 175 m/25 g):
100 (125/150) g Marine (Farbe 10)
und 50 g Mint (Farbe 71).

Stricknadeln Nr. 4,5;
Häkelnadel Nr. 4

7 Knöpfe (Artikel-Nr. 13421,
Farbe 02 Silber) mit 32 mm Ø
von Jim Knopf.

**Hinweis:**
Stets zweifädig mit je 1 Faden pro
Garn arbeiten.

**Glatt rechts:** Hinreihen rechte und
Rückreihen linke Maschen stricken.

**Kraus rechts:** Hin- und Rückreihen
rechte Maschen stricken.

**Steinbockmotiv:**
Den Steinbock laut Zählmuster stricken.
Es sind Hin- und Rückreihen gezeichnet. Glatt rechts stricken, dabei die
einzelnen Farbflächen mit separaten
Knäueln arbeiten und beim Farbwechsel die Fäden auf der Rückseite
der Arbeit miteinander verkreuzen.
1x die 1. – 67. Reihe arbeiten.

**Maschenprobe:**
Glatt rechts, zweifädig (= je 1 Faden
pro Garn): 16,5 Maschen und
20 Reihen = 10 x 10 cm

## SO WIRD'S GEMACHT
**Rückenteil:** 84 (92/102) Maschen in
Marine zweifädig (= je 1 Faden pro
Garn) anschlagen und glatt rechts
stricken, dabei mit 1 Rückreihe beginnen. Für die Hüftschrägen beidseitig
in jeder 8. Reihe 4x je 1 Masche und in
der folgenden 6. Reihe 1x 1 Masche
abnehmen = 74 (82/92) Maschen,

dann für die Seitenschrägen beidseitig
in der folgenden 10. Reihe 1x 1 Masche
und in jeder 8. Reihe 2x je 1 Masche
zunehmen = 80 (88/98) Maschen.
Gleichzeitig in 16,5 cm Gesamthöhe
über die mittleren 46 Maschen das
Steinbockmotiv: arbeiten. Nach dem
Steinbockmotiv: in Marine weiterarbeiten. In 36 cm Gesamthöhe für die Armausschnitte beidseitig 1x 3 Maschen
und in jeder 2. Reihe 2x je 2 Maschen,
2x je 1 Masche und in der folgenden
4. Reihe 1x 1 Masche abketten =
60 (68/78) Maschen. In 53 (55/57)
cm Gesamthöhe für die Schulterschrägen beidseitig 1x 4 (6/7) Maschen und
in jeder 2. Reihe 2x je 5 (6/8) Maschen
abketten. Gleichzeitig mit Beginn der
Schulterschrägen für den Halsausschnitt die mittleren 28 Maschen
abketten und beide Seiten getrennt
beenden. Für die Ausschnittrundung
am inneren Rand in der folgenden
2. Reihe 1x 2 Maschen abketten.
Andere Seite gegengleich beenden.

**Linkes Vorderteil:** 46 (50/55)
Maschen in Marine zweifädig (= je
1 Faden pro Garn) anschlagen und in
der 1. Reihe = Rückreihe die Maschen
wie folgt einteilen: 5 Maschen kraus
rechts (= Blende, inklusive Randmasche), 40 (44/49) Maschen glatt
rechts, Randmasche. Für die Hüft-
schräge am rechten Rand in jeder
8. Reihe 4x je 1 Masche und in der

folgenden 6. Reihe 1x 1 Masche abnehmen = 41 (45/50) Maschen, dann für die Seitenschräge am rechten Rand in jeder 10. Reihe 2x je 1 Masche und in der folgenden 8. Reihe 1x 1 Masche zunehmen = 44 (48/53) Maschen. In 32 (34/36) cm Gesamthöhe für die Ausschnittschräge am linken Rand 1x 1 Masche und in jeder 2. Reihe 18x je 1 Masche abnehmen, dafür die 2 Maschen vor den kraus-rechten Maschen rechts zusammenstricken; gleichzeitig für das Revers zweifädig in Mint (= je 1 Faden pro Garn) vor der letzten Masche der Reihe 1 Masche aus dem Querfaden rechts verschränkt herausstricken und die letzte Masche kraus rechts stricken. Von nun an in jeder 4. Reihe noch 8x jeweils vor den mintfarbenen Maschen 1 Masche aus dem Querfaden rechts verschränkt herausstricken und diese ebenfalls kraus rechts in Mint arbeiten. Dadurch erhöht sich die mintfarbene Maschenzahl des Revers nach und nach auf 10 Maschen. In 36 cm Gesamthöhe für den Armausschnitt am rechten Rand 1x 3 Maschen und in jeder 2. Reihe 2x je 2 Maschen, 2x je 1 Masche und in der folgenden 4. Reihe 1x 1 Masche abketten. In 50 (52/54) cm Gesamthöhe für den Reversschlitz am linken Rand 1x 4 Maschen abketten und in der folgenden Reihe wieder dazu anschlagen. In 53 (55/57) cm Gesamthöhe für die Schulterschräge am rechten Rand 1x 4 (6/7) Maschen und in jeder 2. Reihe 2x je 5 (6/8) Maschen abketten. In 55 (57/59) cm Gesamthöhe über die restlichen 10 Maschen des Revers noch weitere 9,5 cm kraus rechts stricken, dabei in der 1. Reihe am inneren Rand 1 Randmasche zunehmen = 11 Maschen. Maschen stilllegen.

**Rechtes Vorderteil:** gegengleich arbeiten, jedoch ab 11 cm Gesamthöhe

1 Knopfloch (= 3. und 4. Masche rechts zusammenstricken, 1 Umschlag) arbeiten. Die folgenden 4 Knopflöcher mit jeweils 5 cm Abstand arbeiten. Für die Ausschnittschräge nach den kraus-rechten Maschen 2 Maschen rechts überzogen zusammenstricken (= 1 Masche wie zum Rechtsstricken abheben, 1 Masche rechts stricken, dann die abgehobene Masche überziehen).

**Ärmel:** 35 (38/42) Maschen in Marine zweifädig (= je 1 Faden pro Garn) anschlagen und glatt rechts stricken, dabei mit 1 Rückreihe beginnen. Für die Ärmelschrägen beidseitig in jeder 10. Reihe 4x je 1 Masche und in jeder 8. Reihe 5x je 1 Masche (in jeder 8. Reihe 8x je 1 Masche und in jeder 6. Reihe 3x je 1 Masche/in jeder 8. R 5x je 1 Masche und in jeder 6. Reihe 7x je 1 Masche) zunehmen = 53 (60/66) Maschen. In 44 cm Gesamthöhe für die Armkugel beidseitig 1x 3 Maschen, in jeder 2. Reihe 2x je 2 Maschen, 2x je 1 Masche, in jeder 4. Reihe 3x je 1 Masche und wieder in der folgenden 2. Reihe 1x 1 Masche, 2x je 2 Maschen und 1x 3 Maschen abketten = 13 (20/26) Maschen. In 59 cm Gesamthöhe restliche 13 (20/26) Maschen abketten. 2. Ärmel ebenso arbeiten.

**Taschen (2x):** 12 Maschen in Marine zweifädig (= je 1 Faden pro Garn) anschlagen und glatt rechts stricken, dabei mit 1 Rückreihe beginnen. Für die Rundungen beidseitig in jeder 2. Reihe 1x 2 Maschen und 2x je 1 Masche dazu anschlagen bzw. zunehmen = 20 Maschen. In 10 cm Gesamthöhe kraus rechts zweifädig in Mint (= je 1 Faden pro Garn) weiterarbeiten. In 12 cm Gesamthöhe Maschen abketten.

**Ellenbogenflicken (2x):** 6 Maschen zweifädig in Mint (= je 1 Faden pro Garn) anschlagen und glatt rechts stricken, dabei mit 1 Rückreihe beginnen. Für die Rundungen beidseitig in jeder 2. Reihe 1x 2 Maschen und 3x je 1 Masche dazu anschlagen bzw. zunehmen = 16 Maschen. In 8,5 cm Gesamthöhe für die Rundungen beidseitig 1x 1 Masche und in jeder 2. Reihe 2x je 1 Masche und 1x 2 Maschen abketten = 6 Maschen. In 13 cm Gesamthöhe restliche 6 Maschen abketten.

## FERTIGSTELLUNG:

Linkes Vorderteil und Rückenteil mit Edelweißen laut Stickvorlage besticken, dafür die Stickvorlage auf 8 x 9,5 cm vergrößern (siehe Foto). Taschen in 6 cm Gesamthöhe mit 7 cm Abstand zum Verschlussrand auf die Vorderteile nähen. Am linken Ärmel den Ellenbogenflicken in 24 cm Gesamthöhe 1 cm rechts von der Ärmelmitte aufnähen. Am rechten Ärmel den Ellenbogenflicken in 24 cm Gesamthöhe 1 cm links von der Ärmelmitte aufnähen. Schulternähte schließen. Die stillgelegten Reversmaschen im Maschenstich verbinden. Das Revers in den Halsausschnitt nähen. Ärmel einsetzen. Ärmel- und Seitennähte schließen. Knöpfe annähen, dabei mit jeweils einem das nach außen geschlagene Revers annähen (siehe Foto).

ZÄHLMUSTER:

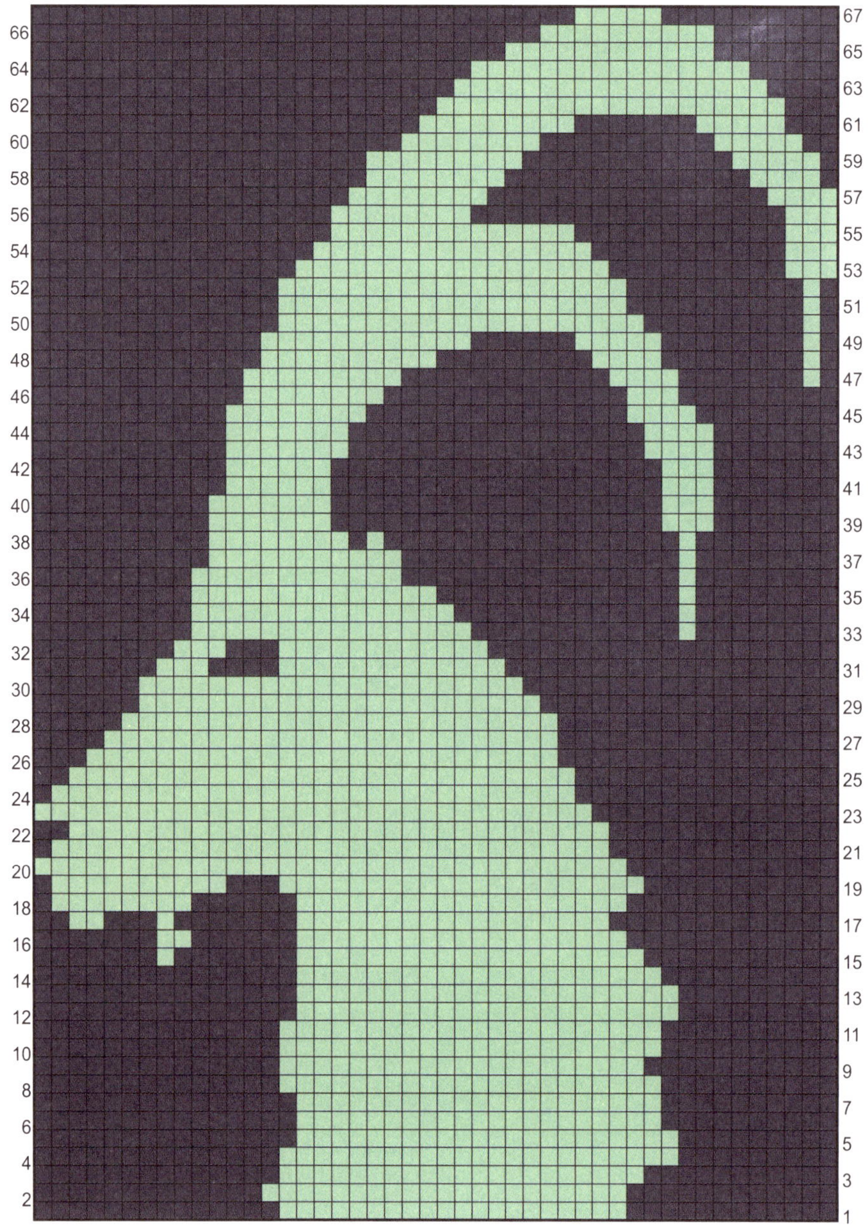

STICKVORLAGE:

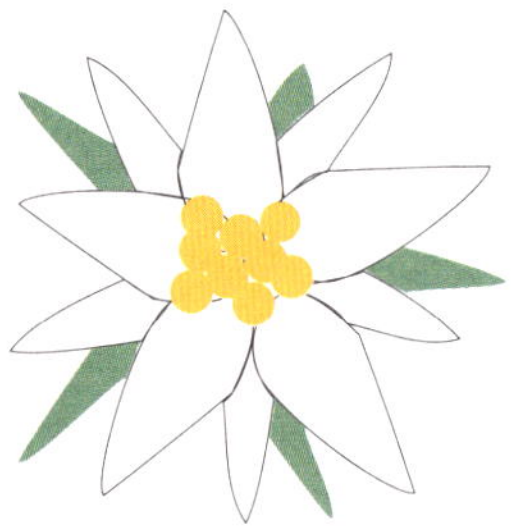

ZEICHENERKLÄRUNG STICKVORLAGE:

= Spannstiche in Natur

= Spannstiche in Grün

= Knötchenstich in Curry

ZEICHENERKLÄRUNG ZÄHLMUSTER:

= 1 Masche in Marine (zweifädig)

= 1 Masche in Mint (zweifädig)

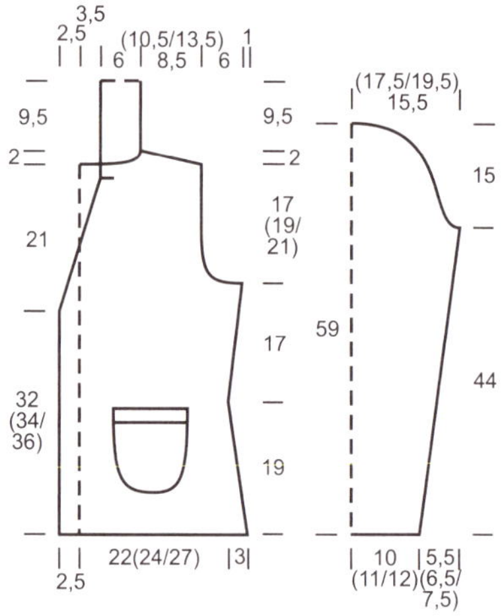

# lena

## AJOUR-TOP

### MATERIAL

LANG YARNS „Merino 120"
(100 % Schurwolle, Lauflänge
120 m/50 g): 300 g Natur (Farbe
02) und „Merino Paillettes"
(96 % Schurwolle, 4 % Polyester,
Lauflänge 132 m/25 g): 125 g Natur
(Farbe 94).

Stricknadeln Nr. 4,5;
Häkelnadel Nr. 4.

**Hinweis:** Stets zweifädig (= je 1 Faden pro Garn) stricken.

**Glatt rechts:** Hinreihen rechte Maschen und Rückreihen linke Maschen stricken.

**Ajourzopfmuster:** Maschenzahl teilbar durch 26 + 14 + 2 Randmaschen. Siehe Strickschrift. Es sind nur Hinreihen gezeichnet; in den Rückreihen Maschen stricken, wie sie erscheinen und Umschläge links stricken. Mit der Masche vor dem rechten Pfeil beginnen, dann den Mustersatz von 26 Maschen zwischen den Pfeilen 3x arbeiten und mit den Maschen nach dem linken Pfeil enden. 1x die 1. – 16. Reihe stricken, dann die 9. – 16. Reihe stets wiederholen.

**Maschenprobe:**
Ajourzopfmuster, zweifädig (= je 1 Faden pro Garn): 19,5 Maschen und 25 Reihen = 10 x 10 cm

### SO WIRD'S GEMACHT

**Rückenteil:** 94 Maschen zweifädig (= je 1 Faden pro Garn) anschlagen und 1 Rückreihe rechts stricken. Dann im Ajourzopfmuster weiterarbeiten. In 34 cm Gesamthöhe für die Armausschnitte beidseitig 1x 3 Maschen und in jeder 2. Reihe 2x je 2 Maschen, 2x je 1 Masche und in der folgenden 4. Reihe 1x 1 Masche abketten = 74 Maschen. In 53 cm Gesamthöhe für die Schulterschrägen beidseitig 1x

8 Maschen und in jeder 2. Reihe 2x je 7 Maschen abketten. <u>Gleichzeitig</u> mit Beginn der Schulterschrägen für den Halsausschnitt die mittleren 30 Maschen abketten und beide Seiten getrennt beenden. Andere Seite gegengleich beenden.

**Vorderteil:** Wie das Rückenteil stricken, jedoch für den tieferen Halsausschnitt schon in 44,5 cm Gesamthöhe die mittleren 30 Maschen abketten und beide Seiten getrennt beenden.

**Ärmel:** 68 Maschen zweifädig (= je 1 Faden pro Garn) anschlagen und 1 Rückreihe rechts stricken. Dann im Ajourzopfmuster weiterarbeiten. In 3,5 cm Gesamthöhe = 9 Reihen ab Anschlag für die Armkugel beidseitig 1x 3 Maschen, in jeder 2. Reihe 2x je 2 Maschen, 2x je 1 Masche, in jeder 4. Reihe 3x je 1 Masche, dann wieder in jeder 2. Reihe 1x 1 Masche, 2x je 2 Maschen und 1x 3 Maschen abketten = 28 Maschen. In 15,5 cm Gesamthöhe restliche 28 Maschen abketten. 2. Ärmel ebenso arbeiten.

### FERTIGSTELLUNG:

Schulternähte schließen. Den Halsausschnitt mit 1 Runde wie folgt zweifädig (= je 1 Faden pro Garn) umhäkeln: * 1 feste Masche, 1 Picot (= 3 Luftmasche, 1 feste Masche in die 1. Luftmasche), ab * stets wiederholen. Ärmel einsetzen. Seiten- und Ärmelnähte schließen.

*Mini-Pailletten glitzern besonders schön bei Sonnenschein.*

## STRICKSCHRIFT:

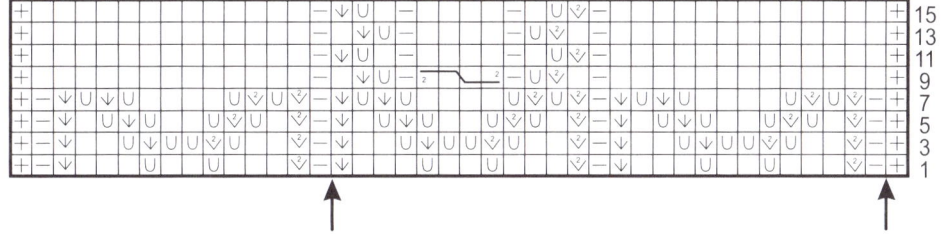

15
13
11
9
7
5
3
1

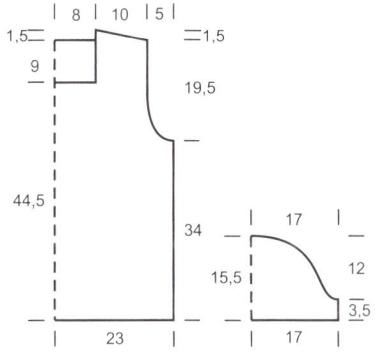

## ZEICHENERKLÄRUNG:

⊞ = Randmasche

☐ = 1 Masche rechts

⊟ = 1 Masche links

Ⓤ = 1 Umschlag

⧖ = 2 Maschen rechts zusammenstricken

↓ = 2 Maschen rechts über- zogen zusammenstricken (= 1 Masche wie zum Rechtsstricken abheben, 1 Masche rechts stricken, dann die abgehobene Masche überziehen)

⧌ = 2 Maschen auf eine Hilfsnadel vor die Arbeit legen, 2 Maschen rechts stricken, dann die 2 Maschen der Hilfsnadel rechts stricken

# Selma

## JACQUARD-HOODIE

### GRÖSSE

36/38, 40/42 und 44

Die Angaben für Größen 40/42 und 44 stehen in Klammern. Steht nur eine Angabe, so gilt diese für alle Größen.

### MATERIAL

LANG YARNS „Carpe Diem" (70 % Schurwolle, 30 % Alpaka, Lauflänge 90 m/50 g): 850 (900/950) g Petrol (Farbe 288), 100 g Natur (Farbe 94) und 50 g Koralle (Farbe 29).

Stricknadeln Nr. 4,5 und 5; je 1 Rundstricknadel Nr. 4,5, 80 cm lang, und Nr. 5, 40 cm lang.

7 Knöpfe (Artikel-Nr. 13293, Farbe 02 Altsilber, 28 mm Ø) von Jim Knopf.

**Rippenmuster:** 1 Masche rechts, 1 Masche links im Wechsel stricken.

**Glatt rechts:** Hinreihen rechte Maschen und Rückreihen linke Maschen stricken.

**Glatt links:** Hinreihen linke Maschen und Rückreihen rechte Maschen stricken.

**Großes Perlmuster:** 1 Masche rechts, 1 Masche links im Wechsel stricken. Die Maschen nach 2 Reihen versetzen.

**Tiefgestochene Masche: Hinreihen:** 1 Masche rechts stricken, jedoch in die Masche 1 Reihe tiefer einstechen. **Rückreihen:** 1 Masche links.

**Kraus rechts:** Hin- und Rückreihen rechte Maschen stricken.

**Jacquardmuster:** Maschenzahl teilbar durch 6 + 1 + 2 Randmaschen. Nach dem Zählmuster glatt rechts stricken. Es sind Hin- und Rückreihen gezeichnet. Mit der Masche vor dem rechten Pfeil beginnen, den Mustersatz von 6 Maschen zwischen den Pfeilen stets wiederholen und mit den Maschen nach dem linken Pfeil enden. 1x die 1. – 7. Reihe arbeiten.

**Musterfolge A:** 2 Reihen kraus rechts in Koralle, 2 Reihen glatt rechts in Petrol, 7 Reihen Jacquardmuster, 2 Reihen glatt rechts in Petrol, 2 Reihen kraus rechts in Koralle = 15 Reihen.

**Musterfolge B:** 2 Reihen kraus rechts in Koralle, 2 Reihen glatt rechts in Petrol, 3 Reihen Jacquardmuster (= 3. – 5. Reihe), 2 Reihen glatt rechts in Petrol, 2 Reihen kraus rechts in Koralle, 2 Reihen glatt rechts in Petrol, 3 Reihen Jacquardmuster (= 3. – 5. Reihe), 2 Reihen glatt rechts in Petrol = 18 Reihen.

**Maschenproben:**
Glatt rechts mit Nadeln Nr. 5: 17 Maschen und 24 Reihen = 10 x 10 cm
Großes Perlmuster mit Nadeln Nr. 5: 18 Maschen und 27 Reihen = 10 x 10 cm
Jacquardmuster mit Nadeln Nr. 5: 19,5 Maschen und 7 Reihen = 10 x 4 cm

### SO WIRD'S GEMACHT

**Rückenteil:** 91 (97/103) Maschen in Koralle mit Nadeln Nr. 4,5 anschlagen und für den Bund 5,5 cm im Rippenmuster stricken, dabei in der 1. Reihe = Rückreihe nach der Randmasche mit 1 Masche links, 1 Masche rechts ( 1 Masche rechts, 1 Masche links/ 1 Masche links, 1 Masche rechts) beginnen und gegengleich enden. Ab der 2. Reihe in Petrol weiterarbeiten. Nach dem Bund mit Nadeln Nr. 5 weiterarbeiten und die Maschen wie folgt einteilen: Randmasche, 23 (26/31)

Maschen glatt rechts, 1 Masche glatt links, 1 tiefgestochene Masche, 1 Masche glatt links, 37 Maschen großes Perlmuster, 1 Masche glatt links, 1 tiefgestochene Masche, 1 Masche glatt links, 23 (26/31) Maschen glatt rechts, Randmasche. In 40,5 cm Gesamthöhe für die Armausschnitte beidseitig 1x 3 Maschen und in jeder 2. Reihe 1x 2 Maschen und 3x je 1 Masche abketten = 75 (81/87) Maschen. Nach 45 cm Gesamthöhe über alle Maschen die Musterfolge A stricken. Danach glatt rechts in Petrol weiterarbeiten. In 58,5 (60,5/62,5) cm Gesamthöhe für die Schulterschrägen beidseitig 1x 5 (7/8) Maschen und in jeder 2. Reihe 3x je 6 Maschen (1x 7 Maschen und 2x je 6 Maschen/3x je 7 Maschen) abketten. Gleichzeitig mit Beginn der Schulterschrägen für den Halsausschnitt die mittleren 23 Maschen abketten und beide Seiten getrennt beenden. Für die Ausschnittrundung am inneren Rand in jeder 2. Reihe 1x 2 Maschen und 1x 1 Masche abketten. Andere Seite gegengleich beenden.

**Linkes Vorderteil:** 44 (47/50) Maschen in Koralle mit Nadeln Nr. 4,5 anschlagen und für den Bund 5,5 cm Rippenmuster stricken, dabei in der 1. Reihe = Rückreihe nach der Randmasche mit 1 Masche links, 1 Masche rechts beginnen. Ab der 2. Reihe in Petrol weiterarbeiten. Nach dem Bund mit Nadeln Nr. 5 weiterarbeiten und die Maschen wie folgt einteilen: Randmasche, 23 (26/29) Maschen glatt rechts, 1 Masche glatt links, 1 tiefgestochene Masche, 1 Masche glatt links, 16 Maschen großes Perlmuster, Randmasche. In 9 cm Gesamthöhe für den Tascheneingriff die ersten 24 (27/30) Maschen und die folgenden 20 Maschen getrennt stilllegen. Für den Taschenbeutel 18 Maschen mit Nadeln Nr. 5 in Petrol anschlagen und

3,5 cm glatt rechts stricken. Dann diese Maschen am inneren Rand zu den 24 (27/30) Maschen dazunehmen. Über diese 42 (45/48) Maschen glatt rechts weiterarbeiten. In 19 cm Gesamthöhe die 18 Maschen des Taschenbeutels auf einer Hilfsnadel stilllegen und auch die ersten 24 (27/30) Maschen stilllegen. Über die 20 Maschen der Taschenvorderseite in der Mascheneinteilung 10 cm weiterstricken, dabei in der ersten Reihe am inneren Rand 1 Randmasche zunehmen und in der letzten Reihe diese Masche wieder abnehmen. Nun die stillgelegten ersten 24 (27/30) Maschen rechts stricken, die Hilfsnadel mit den 18 Maschen des Taschenbeutels hinter die folgenden 20 Maschen der Taschenvorderseite legen und jeweils 1 Masche der vorderen und hinteren Nadel mustergemäß zusammenstricken, danach die letzten 2 Maschen stricken = 44 (47/50) Maschen. Nun über alle Maschen in der Mascheneinteilung fortfahren. In 40,5 cm Gesamthöhe für den Armausschnitt am rechten Rand 1x 3 Maschen, dann in jeder 2. Reihe 1x 2 Maschen und 3x je 1 Masche abketten = 36 (39/42) Maschen. In 45 cm Gesamthöhe über alle Maschen die Musterfolge A stricken, dabei beim Jacquardmuster zwischen den Randmaschen den Mustersatz stets wiederholen; für Größe 40/42 mit den ersten 3 Maschen des Mustersatzes enden. Nach der Musterfolge A glatt rechts in Petrol weiterarbeiten. In 52 (54/56) cm Gesamthöhe für den Halsausschnitt am linken Rand 1x 6 Maschen und in jeder 2. Reihe 2x je 2 Maschen und 3x je 1 Masche abketten. In 58,5 (60,5/62,5) cm Gesamthöhe für die Schulterschräge am rechten Rand 1x 5 (7/8) Maschen und in jeder 2. Reihe 3x je 6 Maschen (1x 7 Maschen und 2x je 6 Maschen/3x je 7 Maschen) abketten.

**Rechtes Vorderteil:** gegengleich arbeiten.

**Ärmel:** 38 (42/46) Maschen in Koralle mit Nadeln Nr. 4,5 anschlagen und für den Bund 5,5 cm im Rippenmuster stricken. Ab der 2. Reihe in Petrol weiterarbeiten. Nach dem Bund mit Nadeln Nr. 5 im großen Perlmuster stricken. Für die Ärmelschrägen beidseitig in der 9. (9./7.) Reihe ab Bund 1x 1 Masche, in jeder 8. Reihe 6x je 1 Masche und in jeder 6. Reihe 6x je 1 Masche (in jeder 8. Reihe 3x je 1 Masche und in jeder 6. Reihe 10x je 1 Masche/in jeder 6. Reihe 14x je 1 Masche und in der folgenden 4. Reihe 1x 1 Masche) zunehmen = 64 (70/78) Maschen. In 41,5 cm Gesamthöhe für die Armkugel beidseitig 1x 3 Maschen, in jeder 2. Reihe 1x 2 Maschen, 3x je 1 Masche, in jeder 4. Reihe 6x je 1 Masche und wieder in jeder 2. Reihe 3x je 1 Masche, 1x 2 Maschen und 1x 3 Maschen abketten = 20 (26/34) Maschen. Gleichzeitig in 45,5 cm Gesamthöhe über alle Maschen die Musterfolge A stricken, dabei das Jacquardmuster von der Mitte (= Doppelpfeil) aus einteilen. Nach der Musterfolge A glatt rechts in Petrol weiterarbeiten. In 58 cm Gesamthöhe restliche 20 (26/34) Maschen abketten. 2. Ärmel ebenso arbeiten.

## FERTIGSTELLUNG:

Aus den Tascheneingriffen je 21 Maschen mit Nadeln Nr. 4,5 in Petrol auffassen und 1 cm = 4 Reihen im Rippenmuster stricken, dabei nach 3 Reihen noch 1 Reihe in Koralle stricken, dann alle Maschen in Koralle abketten. Blendenschmalseiten annähen. Die Taschenbeutel innen an die Vorderteile nähen. Schulternähte schließen.

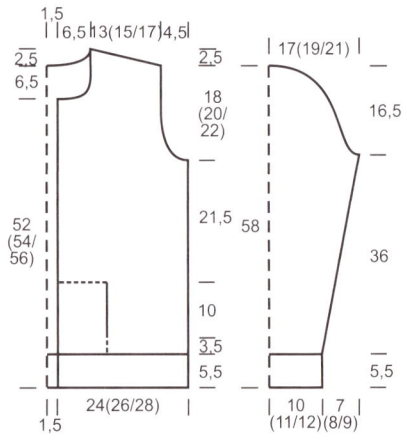

Das Jacquardmuster
umschlingt als buntes Band
Ärmel & Schultern.

Für die **Kapuze** aus dem Halsausschnitt 97 Maschen mit der Rundstricknadel Nr. 5 in Petrol auffassen und im großen Perlmuster stricken. Die mittlere Masche markieren. In der 2. Reihe ab Auffassen beidseitig der mittleren Masche je 1 Masche aus dem Querfaden mustergemäß verschränkt herausstricken = 99 Maschen. Diese Zunahmen in jeder 2. Reihe noch 3x ebenso arbeiten = 105 Maschen. Nach 30 cm ab Auffassen beidseitig 1x 40 Maschen stilllegen und mit den mittleren 25 Maschen weiterarbeiten, dabei in jeder Hinreihe die letzte der mittleren Maschen mit der folgenden äußeren Masche rechts überzogen zusammenstricken (= 1 Masche wie zum Rechtsstricken abheben, 1 Masche rechts stricken, dann die abgehobene Masche überziehen), wenden und in jeder Rückreihe die letzte der mittleren Maschen mit der folgenden äußeren Masche links zusammenstricken, wenden. Dies so oft wiederholen, bis alle

äußeren Maschen aufgebraucht sind. Die restlichen 25 Maschen abketten. Aus den Verschlussrändern der Vorderteile je 107 (111/115) Maschen mit der Rundstricknadel Nr. 4,5 in Petrol auffassen und 4 cm im Rippenmuster stricken, dabei in die Blende des rechten Vorderteils nach 2 cm Blendenhöhe gleichmäßig verteilt 7 Knopflöcher (= 2 Maschen rechts zusammenstricken, 1 Umschlag) arbeiten. Maschen abketten. Aus dem Gesichtsrand der Kapuze 141 Maschen mit der Rundstricknadel Nr. 5 in Petrol auffassen und in der Musterfolge B stricken. Danach die Maschen abketten. Die Blenden nach innen umschlagen und annähen, dabei die Schmalseiten für den Tunnelzug offen lassen. Ärmel einsetzen. Seiten- und Ärmelnähte schließen. Knöpfe annähen. Eine ca. 120 cm lange Kordel aus 8 Fäden in Petrol anfertigen und in den Tunnelzug einziehen. Die Enden verknoten.

**ZÄHLMUSTER:**

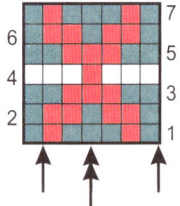

**ZEICHENERKLÄRUNG:**

■ = 1 Masche Petrol

■ = 1 Masche Koralle

□ = 1 Masche Natur

# Valerie
## KURZER JANKER

## GRÖSSE

34/36, 38/40 und 42/44

Die Angaben für Größen 38/40 und 42/44 stehen in Klammern. Steht nur eine Angabe, so gilt diese für alle Größen.

## MATERIAL

Buttinette „Woll Butt Vroni"
(70 % Polyacryl, 25 % Schurwolle, 5 % Viskose, Lauflänge 280 m/ 100 g): 300 (400/450) g Brombeer (Farbe 36614) und 50 g Terra (Farbe 36611).

Stricknadeln Nr. 4,5; Häkelnadel Nr. 3,5.

7 Herz-Knöpfe (Artikel-Nr. 27665, Farbe Silber) mit 2 cm Ø von Buttinette.

**Kraus rechts:** Hin- und Rückreihen rechte Maschen stricken.

**Maschenprobe:**
Kraus rechts: 18 Maschen und 38 Reihen = 10 x 10 cm

## SO WIRD'S GEMACHT

**Rückenteil:** 67 (75/85) Maschen in Brombeer anschlagen und kraus rechts stricken, dabei mit 1 Rückreihe beginnen. Für die Seitenschrägen beidseitig in jeder 12. Reihe 4x je 1 Maschen und in jeder 10. Reihe 4x je 1 Masche zunehmen = 83 (91/101) Maschen. In 26 cm Gesamthöhe für die Armausschnitte beidseitig 1x 3 (5/7) Maschen und in jeder 2. Reihe 1x 2 Maschen, 1x 1 Masche und in der folgenden 4. Reihe 1x 1 Masche abketten = 69 (73/79) Maschen. In 41,5 (43,5/45,5) cm Gesamthöhe für die Schulterschrägen beidseitig 1x 2 (2/4) Maschen und in jeder 2. Reihe 3x je 2 und 4x je 3 Maschen (1x 2 und 6x je 3 Maschen/ 7x je 3 Maschen) abketten. In 43,5 (45,5/47,5) cm Gesamthöhe für den Halsausschnitt die mittleren 19 Maschen abketten und beide Seiten getrennt beenden. Für die Ausschnittrundung am inneren Rand in jeder 2. Reihe 1x 3 Maschen und 1x 2 Maschen abketten. Andere Seite gegengleich beenden.

**Linkes Vorderteil:** 38 (42/47) Maschen in Brombeer anschlagen und kraus rechts stricken, dabei mit 1 Rückreihe beginnen. Für die Seitenschräge am rechten Rand in jeder 12. Reihe 4x je 1 Maschen und in jeder 10. Reihe 4x je 1 Masche zunehmen = 46 (50/55) Maschen. In 26 cm Gesamthöhe für den Armausschnitt am rechten Rand 1x 3 (5/7) Maschen und in jeder 2. Reihe 1x 2 Maschen, 1x 1 Masche und in der folgenden 4. Reihe 1x 1 Masche abketten = 39 (41/44) Maschen. In 35 (37/ 39) cm Gesamthöhe für den Halsausschnitt am linken Rand 5 Maschen und in jeder 2. Reihe 2x je 2 Maschen, 6x je 1 Masche und in jeder 4. Reihe 4x je 1 Masche abketten. In 41,5 (43,5/45,5) cm Gesamthöhe für die Schulterschräge am rechten Rand 1x 2 (2/4) Maschen und in jeder 2. Reihe 3x je 2 und 4x je 3 Maschen (1x 2 und 6x je 3 Maschen/7x je 3 Maschen) abketten.

**Rechtes Vorderteil:** gegengleich arbeiten, jedoch gleichmäßig verteilt 7 Knopflöcher (= die 3. und 4. Masche rechts zusammenstricken, 1 Umschlag) arbeiten.

**Ärmel:** 34 (38/42) Maschen in Brombeer anschlagen und kraus rechts stricken, dabei mit 1 Rückreihe beginnen. Für die Ärmelschrägen beidseitig in jeder 16. Reihe 2x je 1 Masche und in

jeder 14. Reihe 9x je 1 Masche (in jeder
14. Reihe 2x je 1 Masche und in jeder
12. Reihe 11x je 1 Masche/in jeder
12. Reihe 11x je 1 Masche und in jeder
10. Reihe 3x je 1 Masche) zunehmen =
56 (64/70) Maschen. In 45,5 cm
Gesamthöhe für die Armkugel beidseitig 1x 3 (5/7) Maschen und in jeder
2. Reihe 1x 2 Maschen, 1x 1 Masche,
dann in jeder 4. Reihe 8 (8/9)x je
1 Masche und wieder in jeder 2. Reihe
1 (3/3)x je 1 Masche, 1x 2 Maschen und
1x 3 Maschen abketten = 16 Maschen.
In 57 (58/59) cm Gesamthöhe restliche
16 Maschen abketten. 2. Ärmel ebenso
arbeiten.

**Taschen (2x):** 8 Maschen in Brombeer
anschlagen und kraus rechts stricken,
dabei mit 1 Rückreihe beginnen. Für die
Rundungen beidseitig in jeder 2. Reihe
1x 2 Maschen, 2x je 1 Maschen und in
der folgenden 4. Reihe 1x 1 Masche
zunehmen = 18 Maschen. In 9 cm
Gesamthöhe alle Maschen abketten.

## FERTIGSTELLUNG:

Die Abkettreihe der Taschen in Terra mit
1 Reihe wie folgt behäkeln: * 1 feste
Masche, 1 Luftmasche, ab * stets wiederholen, mit 1 festen Masche enden.
Die Taschen in 4,5 cm Gesamthöhe mit
5,5 cm Abstand zum Verschlussrand auf
die Vorderteile nähen. Schulternähte
schließen. Ärmel einsetzen. Ärmel- und
Seitennähte schließen. Die äußeren
Ränder der Jacke mit 1 Runde wie folgt
in Terra umhäkeln: * 1 feste Masche,
1 Luftmasche, ab * stets wiederholen,
mit 1 Kettmasche in die 1. feste Masche
zur Runde schließen. Die unteren Ärmelränder wie den Jackenrand umhäkeln.
Knöpfe annähen.

*Alle Ränder sind mit
einer feinen kontrastfarbenen
Linie umhäkelt.*

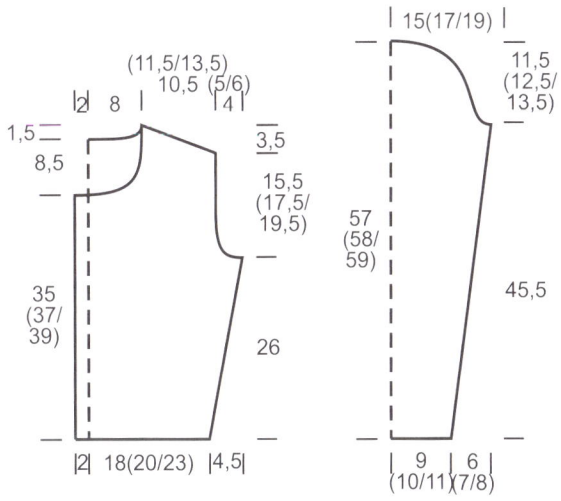

# Sophie
## KUSCHELJACKE

## GRÖSSE

34/36, 38/40 und 42/44

Die Angaben für Größen 38/40 und 42/44 stehen in Klammern. Steht nur eine Angabe, so gilt diese für alle Größen.

## MATERIAL

LANG YARNS „Asia" (70 % Seide, 30 % Yak, Lauflänge 145 m/50 g): 200 (250/300) g Hellgrün (Farbe 97) und „Mohair Luxe" (77 % Mohair, 23 % Seide, Lauflänge 175 m/50 g): 200 (200/250) g Grün (Farbe 98).

Stricknadeln Nr. 4 und 4,5; Häkelnadel Nr. 4.

7 Knöpfe (Artikel-Nr. 13540, Farbe vielfarbig, 32 mm Ø) von Jim Knopf.

**Hinweis:** Stets zweifädig mit je 1 Faden beider Garne arbeiten.

**Rippenmuster:** 1 Masche rechts, 1 Masche links im Wechsel stricken.

**Kleines Perlmuster:** 1 Masche rechts, 1 Masche links im Wechsel stricken. Die Maschen in jeder Reihe versetzen.

**Zopf über 19 Maschen:** Siehe Strickschrift. Es sind nur Hinreihen gezeichnet; in den Rückreihen die Maschen stricken, wie sie erscheinen. Die 1. – 8. Reihe stets wiederholen.

**Maschenproben:** Kleines Perlmuster mit Nadeln Nr. 4,5, zweifädig: 16 Maschen und 28 Reihen = 10 x 10 cm
Zopf mit Nadeln Nr. 4,5, zweifädig: 19 Maschen und 24,5 Reihen = 7,5 x 10 cm

## SO WIRD'S GEMACHT

**Rückenteil:** 59 (65/75) Maschen zweifädig (= je 1 Faden pro Garn) mit Nadeln Nr. 4 anschlagen und für den Bund 5 cm im Rippenmuster stricken, dabei in der 1. R = Rückreihe nach der Randmasche mit 1 Masche rechts, 1 Masche links beginnen und gegengleich enden. In der letzten Bundreihe 1 Masche zunehmen = 60 (66/76)

Maschen. Dann mit Nadeln Nr. 4,5 im kleinen Perlmuster weiterarbeiten. Für die Seitenschrägen beidseitig in der 11. Reihe ab Bund 1x 1 M und jeder 8. Reihe 5x je 1 Masche zunehmen = 72 (78/88) Maschen. In 25 cm Gesamthöhe für die Armausschnitte beidseitig 1x 3 Maschen, dann in jeder 2. Reihe 2x je 2 Maschen, 2x je 1 Masche und in der folgenden 4. Reihe 1x 1 Masche abketten = 52 (58/68) Maschen. In 45 (47/49) cm Gesamthöhe für die Schulterschrägen beidseitig 1x 2 (4/5) Maschen, dann in jeder 2. Reihe 1x 2 Maschen und 2x je 3 Maschen (3x je 3 Maschen/1x 5 Maschen und 2x je 4 Maschen) abketten. Gleichzeitig mit Beginn der Schulterschrägen für den Halsausschnitt die mittleren 26 Maschen abketten und beide Seiten getrennt beenden. Für die Ausschnittrundung am inneren Rand in jeder 2. Reihe 1x 2 Maschen und 1x 1 Masche abketten. Andere Seite gegengleich beenden.

**Linkes Vorderteil:** 39 (43/47) Maschen zweifädig mit Nadeln Nr. 4 anschlagen und für den Bund 5 cm im Rippenmuster stricken, dabei in der 1. Reihe = Rückreihe nach der Randmasche mit 1 Masche links, 1 Masche rechts beginnen. Dann mit Nadeln Nr. 4,5 weiterarbeiten und die Maschen wie folgt einteilen: Randmasche, 18 (22/26) Maschen kleines

Perlmuster, 19 Maschen Zopf, Randmasche. Für die Seitenschräge am rechten Rand in der 11. Reihe ab Bund 1x
1 Masche und jeder 8. Reihe 5x je
1 Masche zunehmen = 45 (49/53)
Maschen. In 25 cm Gesamthöhe für den
Armausschnitt am rechten Rand 1x 3
Maschen, dann in jeder 2. Reihe 2x je
2 Maschen, 2x je 1 Masche und in der
folgenden 4. Reihe 1x 1 Masche abketten = 35 (38/43) Maschen. In 35
(37/39) cm Gesamthöhe für den Halsausschnitt am linken Rand 1x 19 (20/19)
Maschen, dann in jeder 2. Reihe 2x je
2 Maschen, 1x 1 Masche und in der
folgenden 4. Reihe 1x 1 Masche abketten. In 45 (47/49) cm Gesamthöhe für
die Schulterschräge am rechten Rand
1x 2 (4/5) Maschen und in jeder
2. Reihe 1x 2 Maschen und 2x je
3 Maschen (3x je 3 Maschen/1x 5
Maschen und 2x je 4 Maschen) abketten.

**Rechtes Vorderteil:** gegengleich stricken und gleichmäßig verteilt 7 Knopflöcher (= 3. und 4. Masche rechts zusammenstricken, 1 Umschlag) arbeiten.

**Ärmel:** 50 (56/62) Maschen zweifädig
(= je 1 Faden pro Garn) mit Nadeln Nr. 4
anschlagen und für den Bund 3 cm im
Rippenmuster stricken, dabei mit einer
Rückreihe beginnen. Dann mit Nadeln
Nr. 4,5 im kleinen Perlmuster weiterarbeiten. Für die Ärmelschrägen beidseitig in
der 3. (3./7.) Reihe ab Bund 1x 1 Masche
und in jeder 2. Reihe 2x je 1 Masche
(in jeder 4. Reihe 2x je 1 Masche/in der
folgenden 6. Reihe 1x 1 Masche und in
der folgenden 4. Reihe 1x 1 Masche)
zunehmen = 56 (62/68) Maschen.
In 6 (8/10) cm Gesamthöhe für die
Armkugel beidseitig 1x 3 Maschen,
in jeder 2. Reihe 2x je 2 Maschen,
2x je 1 Masche, in jeder 4. Reihe 6x je

1 Masche und wieder in jeder 2. Reihe 1x
1 Masche und 1x 2 Maschen abketten =
20 (26/32) Maschen. In 19,5 (21,5/23,5)
cm Gesamthöhe die restlichen 20 (26/
32) Maschen abketten. 2. Ärmel ebenso
arbeiten.

## FERTIGSTELLUNG:

Schulternähte schließen. Den Halsausschnitt mit 1 Runde fester Maschen
und 1 Runde Krebsmaschen zweifädig
(= je 1 Faden pro Garn) umhäkeln, dabei
den Rand etwas einhalten. Ärmel einsetzen, dabei die Armkugel etwas einhalten. Seiten- und Ärmelnähte schließen. Knöpfe annähen.

## STRICKSCHRIFT:

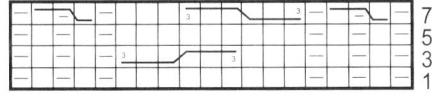

## ZEICHENERKLÄRUNG:

☐ = 1 Masche rechts

⊟ = 1 Masche links

= 1 Masche auf eine Hilfsnadel
vor die Arbeit legen, 1 Masche auf
eine zweite Hilfsnadel hinter die
Arbeit legen, 1 Masche rechts stricken, dann die Masche der zweiten
Hilfsnadel links und die Masche der
ersten Hilfsnadel rechts stricken

= 3 Maschen auf eine Hilfsnadel vor die Arbeit legen, 3 Maschen
rechts stricken, dann die 3 Maschen
der Hilfsnadel rechts stricken

= 3 Maschen auf eine Hilfs-
nadel hinter die Arbeit legen, 3
Maschen rechts stricken, dann die 3
Maschen der Hilfsnadel rechts stricken

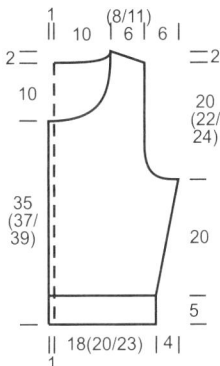

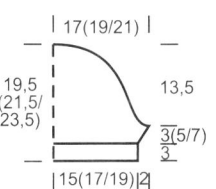

# GRUNDKURS STICKEN

### Margeritenstich

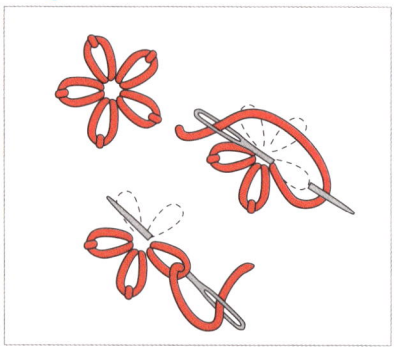

In der späteren Blütenmitte ausstechen. Dicht daneben (oder in dasselbe Ausstichloch) wieder einstechen und gegenüber, je nachdem wie groß das Blütenblatt werden soll, ausstechen. Den Faden um die Nadelspitze legen, dann die Nadel durchziehen. Zum Fixieren der Schlinge in das Ausstichloch einstechen und für das nächste Blütenblatt in der Blütenmitte neben dem ersten Blättchen ausstechen.

### Plattstich

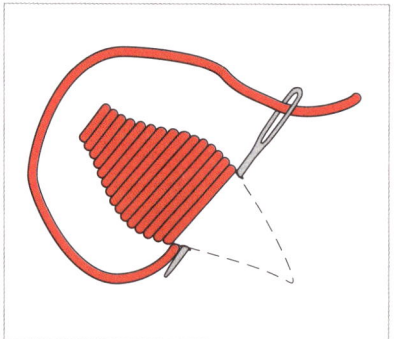

Plattstiche sind dicht nebeneinander liegende Spannstiche. An einer Stelle ausstechen und gegenüber wieder einstechen. Die Nadel dicht neben der vorherigen Ausstichstelle wieder ausstechen. Am besten mit einer spitzen Nadel arbeiten, so lassen sich die Stiche enger setzen.

### Knötchenstich

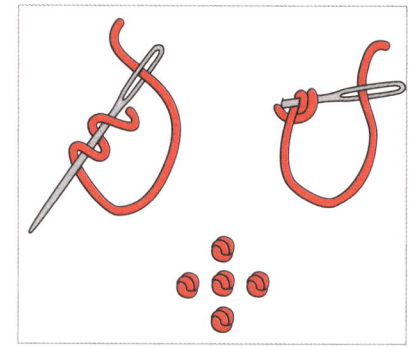

Ausstechen, den Faden 2x (oder öfter, wenn das Knötchen dicker werden soll) um die Nadel wickeln und an der Ausstichstelle wieder einstechen. Dabei die Umwicklungen mit Daumen und Zeigefinger der linken Hand etwas festhalten, damit die Umwicklung sich nicht auflöst. Die Nadel durchziehen.

### Wickelstich

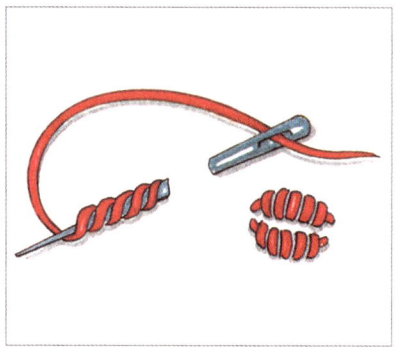

Die Nadel einstechen und ca. 1 cm daneben wieder ausstechen. Den Faden mehrmals um die Nadel wickeln, dann die Nadel langsam durchziehen.

### Stepp– oder Rückstich

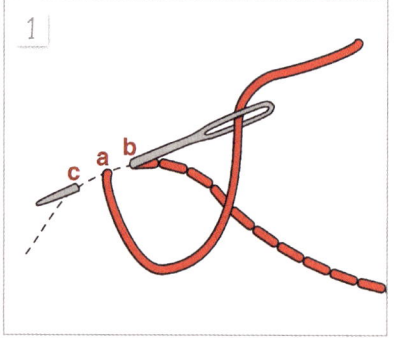

**1.** An Punkt a ausstechen, bei Punkt b einstechen und bei Punkt c wieder ausstechen.

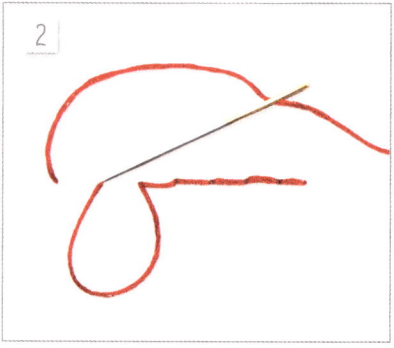

**2.** Dann am vorherigen Punkt a einstechen und mit gleicher Stichlänge links vom vorherigen Punkt c ausstechen usw.

# GRUNDKURS STRICKEN

## Maschenstich

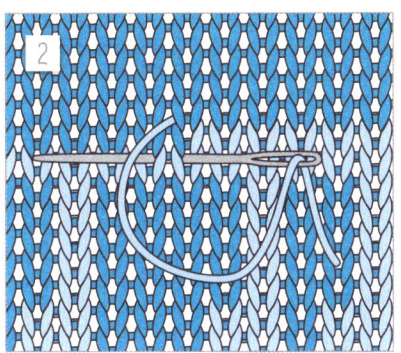

**1.** An der Basis einer Masche, die überstickt werden soll, ausstechen, die Schenkel der darüberliegenden Masche mit der Nadel auffassen und den Faden durchziehen.

**2.** Wieder an der Basis derselben Masche einstechen und an der Basis der folgenden Masche ausstechen. Den Faden durchziehen. Schritt 1 und 2 so oft wiederholen bis alle gewünschten Maschen überstickt sind.

## Links verschränkte Masche

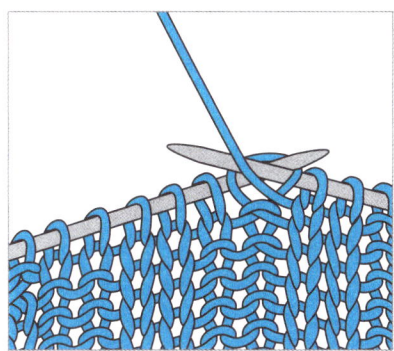

Nicht, wie bei einer linken Masche üblich, von hinten das vordere Maschenglied auffassen, sondern von hinten das hintere Maschenglied mit der Nadel auffassen. Den Faden um die Nadel legen und durchziehen. Dabei verdreht sich die Masche und erscheint auf der Vorderseite als rechts verschränkte Masche.

## Matratzenstich

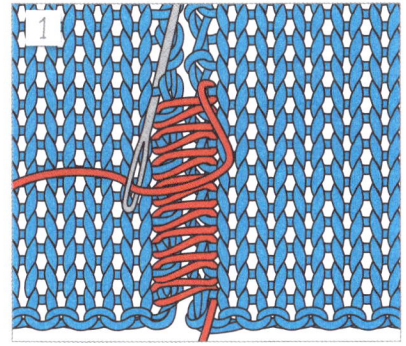

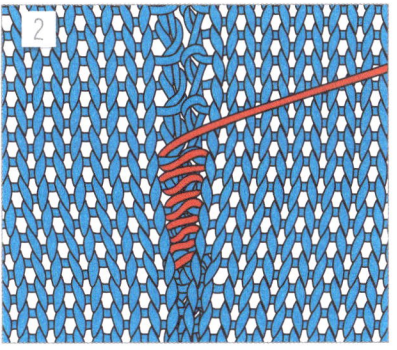

**1.** Neben der 1. Randmasche einstechen, den Querfaden auffassen, dann den Faden durchziehen. Am gegenüberliegenden Teil neben der 1. Randmasche einstechen und den Querfaden auffassen, den Faden durchziehen. Am ersten Teil den nächsten Querfaden auffassen, den Faden durchziehen. Auf diese Weise abwechselnd die Querfäden beider Teile auffassen und den Faden durchziehen.

**2.** Nach jeweils 2 – 3 cm den Faden straffer anziehen und so die Naht dicht schließen. Der Matratzenstich eignet sich auch gut zum Schließen der Schulternähte.

## Rechts verschränkte Masche

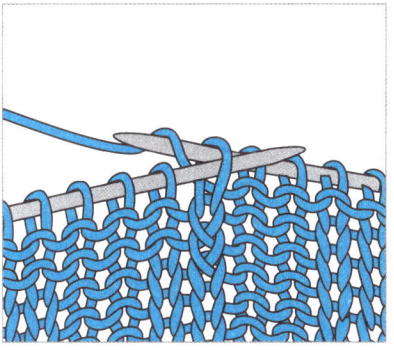

In die Masche nicht, wie bei einer rechten Masche üblich, von vorn, sondern hinter der Nadel einstechen, den Faden um die Nadel legen und durchziehen. Dabei verdreht sich die rechte Masche.

# IMPRESSUM

**Autor:** Babette Ulmer

**Fotos & Styling:** Fotostudio Tanja de Maan, Mülheim

**Illustrationen:** Edelweiß: Barloc/istock.com;
Angie Makes, Anna Fedyuhina, Phoenix Olga,
Bloomelia/shutterstock.com

**Technische Zeichnungen:** Babette Ulmer

**Strickschriften:** Babette Ulmer

**Produktmanagment und Redaktion:**
Anna Fischer, Jasmin Radel

**Lektorat:** Maria Böhly

**Umschlaggestaltung:** Z E R O  WERBEAGENTUR, Ute Mildt

**Layout & Satz:** Kathi Rogg

**Repro:** RTK & SRS mediagroup GmbH

**Printed in** Italy by Printer Trento

★ ★ ★ ★ ★

Sind Sie mit diesem Titel zufrieden? Dann würden wir uns über Ihre Weiterempfehlung freuen. Erzählen Sie es im Freundeskreis, berichten Sie Ihrem Buchhändler oder bewerten Sie bei Onlinekauf. Und wenn Sie Kritik, Korrekturen, Aktualisierungen haben, freuen wir uns über Ihre Nachricht an Christian Verlag, Postfach 40 02 09, D-80702 München oder per E-Mail an lektorat@verlagshaus.de.

Unser komplettes Programm finden Sie unter

www.christophorus-verlag.de

## HERSTELLER & BEZUGSQUELLEN

**LANG YARNS** über **Lang & Co. AG,** www.langyarns.com

**Buttinette,** www.buttinette.de

**Jim Knopf GmbH & Co. KG,** www.jim-knopf-shop.de

Alle Materialien sind im Hobbyfachhandel erhältlich.

Die Deutsche Nationalbibliothek verzeichnet diese Publikation in der Deutschen Nationalbibliografie; detaillierte bibliografische Daten sind im Internet über http://dnb.d-nb.de abrufbar.

© 2019 Christophorus Verlag in der Christian Verlag GmbH, München
Alle Rechte vorbehalten

ISBN 978-3-8410-6507-0

## ✆ KREATIV-SERVICE

Sie haben Fragen zu den Büchern und Materialien? Frau Erika Noll ist für Sie da und berät Sie rund um alle Kreativthemen. Rufen Sie an! Wir interessieren uns auch für Ihre eigenen Ideen und Anregungen. Sie erreichen Frau Noll per E-Mail: **mail@kreativ-service.info** oder Tel.: **+49 (0) 5052 / 91 18 58**

Besuchen Sie uns im Internet: www.christophorus-verlag.de

# GESTALTE DEINE WELT!

**CraSy Mosaik**
€ [D] 16,99 / € [A] 17,50*
ISBN 978-3-8410-6459-2

**Seelenwärmer, Shrugs & Co.**
€ [D] 9,99 / € [A] 10,30*
ISBN 978-3-8410-6377-9

**Rucksäcke nähen**
€ [D] 14,99 / € [A] 15,50*
ISBN 978-3-8410-6451-6

**Fantastische Tropen**
€ [D] 12,99 / € [A] 13,40*
ISBN 978-3-86230-323-6

**Fantastische Natur**
€ [D] 12,99 / € [A] 13,40*
ISBN 978-3-86230-362-5

**Wecke deine Kreativität!**
€ [D] 19,99 / € [A] 20,60*
ISBN 978-3-86230-398-4

**Das Kindergarten-Bastelbuch**
€ [D] 14,99 / € [A] 15,50*
ISBN 978-3-8388-3615-7

**Raffinierte Papierideen**
€ [D] 9,99 / € [A] 10,30*
ISBN 978-3-8388-3608-9

**Just Bead It!**
€ [D] 9,99 / € [A] 10,30*
ISBN 978-3-8388-3666-9

*vom österreichischen Importeur preisgebunden

www.christophorus-verlag.de